DE MIEL
ET DE FIEL

Alain Chapellier

DE MIEL ET DE FIEL

Albin Michel

Collection « Paroles vives »
dirigée par Jean Mouttapa et Marc de Smedt

22, rue Huyghens, 75014 Paris
ISBN 2-226-05182-1
ISSN en cours

Pour M.F.

Je pris le petit livre de la main de
l'Ange et je l'avalai;
dans ma bouche il avait la douceur du
miel;
mais quand je l'eus mangé
il remplit mes entrailles de fiel.

Apocalypse, X, 10

I

Oui, voyez avec vos yeux de non-croyant. Soyez aussi implacable que les athées les plus agressifs pour déceler les fuites et les mensonges, le besoin de sécurité, toutes les idoles. Soyez-le plus pour voir dans l'athéisme lui-même un confort... Le doute actif est une forme d'amour, un doute passionné, ébloui du presque rien, des failles, fissures, traces qui sont le signe de l'inconnu, de l'impossible-nécessaire.

Si vous vous sentez porté à écrire, écrivez. Mais faites attention, pour *écrire* il faut se faire étranger, passant, solitaire, à moins de n'être qu'un scribe qui fait de la dentelle avec les images et les idées.

Le langage est tentative pour réunir ce qui est séparé. Tout langage est habité par la douleur. Tout langage dit : Mon Dieu, mon Dieu, pourquoi m'avez-vous abandonné.

Salut.

J. Sulivan

COMIQUE, Gilles, la mèche en bataille, devant la porte de l'église. Il s'agite, il transpire, il cherche dans ses poches, il a perdu ses clés, il grogne, il jure, il peste, il est en retard, il pose sur la voiture une aube et une étole, un lecteur de cassettes, les feuilles d'annonces paroissiales, cale le tout avec l'attaché-case, fourrage dedans, marmonne, trouve enfin le trousseau, respire. C'est à ce moment précis que les feuilles glissent, s'envolent, que l'étole tombe à terre, ou l'aube, et alors le vicaire trépigne, rugit, il a ses nerfs, ce n'est pas très grave, ceux qui le connaissent en sourient.

L'église en question est un édifice sans grand caractère, vaguement néo-gothique, chapeauté d'un clocher pointu. Elle est à peu près centenaire mais on l'a nettoyée, restaurée et repeinte il y a peu. Aussi est-elle propre, ripolinée crème au-dedans, sans saveur, sans parfum, sans mystère. Une salle d'attente, quelque chose comme ça.

Pour l'ouvrir il faut donc aller à cette petite porte, à droite du transept, à côté de la chaufferie. Il y a là deux verrous, l'un en haut, l'autre en bas, et une serrure à clé ronde au milieu. De l'intérieur on libère les deux portes de la façade, chacune comportant également un verrou, deux targettes, elles-mêmes munies d'un dispositif de sécurité empêchant qu'on les manœuvre de l'extérieur, et un crochet de fer.

Une seconde clé, plate celle-là, ouvre la sacristie. Une targette encore, et un verrou, car deux précautions valent mieux qu'une, commandent une autre porte qui donne accès au chœur. Enfin une dernière clé, ronde et biscornue à l'extrémité, ouvre le coffre-fort où l'on enferme les clés du tabernacle, un ou deux calices, quelques burettes, une relique de la Vraie Croix, les hosties consacrées et aussi, après les messes du dimanche et jusqu'au lundi matin, l'argent des quêtes. En un mot, tout ce qui est précieux.

Soit un total de quatorze verrous, serrures, targettes, loquets, crochets divers, qui protègent la Maison de Dieu.

C'est normal, paraît-il. Il y a eu trop de vols, qu'on se raconte aux repas de prêtres, l'air entendu. Et puis, même si dans cette église-là il n'y a pas grand-chose à dérober, ne dit-on pas qu'un jour un louche individu, pressé par le besoin et la malignité, profana méchamment un confessionnal, le compissant et conchiant sans vergogne? On frémit.

Comment oseraient-ils imaginer de telles turpitudes, tous ces braves gens qui se plaignent de ne plus trouver d'église ouverte? Ils ne se rendent pas compte. Ah, bien sûr, s'ils étaient plus nombreux, ils pourraient s'organiser, établir une permanence, se relayer, veiller au grain, prier en ouvrant l'œil. Mais ce sont le plus souvent des personnes âgées. On les verrait mal courir au presbytère en cas d'alerte. Et puis les prêtres sont souvent absents. Et puis un mauvais coup est vite arrivé. L'église de Gilles est donc fermée, qu'il soit d'accord ou pas. Et elle n'est pas la seule. C'est comme ça.

On pourrait dire, évidemment, qu'il serait beau de voir les disciples du Christ accepter le risque de quelques vols ou déprédations pour montrer que chez eux l'essentiel est ailleurs, invisible aux yeux, impalpable aux mains, ni mesurable ni quantifiable, bref, que le trésor où est leur cœur, ce n'est pas celui-là. Et que les églises puissent demeurer le seul endroit de ce monde effrayé où l'on croie pour de vrai que l'être est plus précieux que l'avoir, et que nos biens ne doivent pas nous posséder. Et que Celui qui demande d'abandonner la tunique à qui veut voler le manteau n'est pas seulement un doux rêveur. Quant au caca, ça se nettoie. Et puis d'ailleurs, si l'on y réfléchit, un confessionnal, ça sert quand même un peu à ça, non?

On pourrait dire cela, évidemment. Et Gilles ne s'en fait pas faute, tout en pestant, grognant, rageant chaque samedi, tout en courant après ses clés, en ouvrant et fermant ses serrures, ses verrous, ses targettes, ses loquets, ses crochets, ses machins. C'est logique, disent les ouailles, qui en ont vu d'autres. Il est encore jeune, ordonné depuis peu, c'est son premier poste, son premier ministère, il est plein d'idéal, n'a pas toujours les pieds sur terre. Ça lui passera.

AVANT que ne commence la messe du samedi soir il faut donc remettre au tabernacle la réserve eucharistique abritée au coffre-fort pendant la semaine. Allumer la lampe rouge qui signale ladite Présence Réelle, et les cierges qu'on a également éteints en quittant l'église. Et puis sortir les coupes en grès du meuble de la sacristie, et les garnir d'hosties. Le vin de messe est dans le placard de droite, juste après le coffre, au-dessous du lavabo, qui sent mauvais.

Le curé avait pris l'habitude de mettre d'emblée sur l'autel les hosties, le vin, les burettes, les linges et le missel. Jusqu'au jour où le responsable diocésain à la liturgie rappela fermement qu'il était plus beau et plus liturgique de laisser l'autel nu jusqu'à l'offertoire. Tout est donc maintenant posé sur la desserte. D'ailleurs, depuis qu'on a ressuscité les enfants de chœur, cela leur donne de quoi faire. Aussi l'autel reste-t-il dépouillé, orné du seul micro, tout noir, tout raide, tout bête et incongru, si peu liturgique, mais personne n'a l'air d'y trouver à redire.

Tout cela fait, ne reste qu'à attendre. L'heure qui précède la messe est réservée aux confessions. Il est rare qu'il n'y en ait pas une ou deux, des femmes pour la plupart, ou bien un vieux monsieur, ou bien un militaire. Il semble que les militants, responsables, catéchistes, animateurs divers aillent se confesser ailleurs.

Cela se passe devant le tabernacle. On voudrait accueillir, mettre à l'aise. Ou alors préserver la pudeur. Mais les pénitents n'en demandent pas tant. Ils s'accusent très vite d'avoir oublié leur prière du matin, manqué la messe du dimanche parce qu'ils étaient malades, ou en voyage, ou bien chez leurs enfants-qui-n'ont-pas-voulu-les-y-conduire-parce-que-eux-mêmes-ils-n'y-vont-plus-et-les-petits-ne-sont-même-pas-baptisés-c'est-dur-mon-père-vous-savez, et peut-être d'avoir parfois manqué (un peu) à la charité. Les hommes font des péchés contre la pureté, les femmes ont bien du mal à pardonner.

Gilles écoute, soupire, se tait. Il y a tant à rééduquer, chez la plupart! Il leur demande s'ils prient, et comment. Ils répondent que oui, qu'ils disent leurs prières. Non, ils ne lisent pas l'Évangile, ils n'ont pas le temps, ne prennent pas le temps, vous savez ce que c'est, il faudrait pourtant, ce serait mieux, c'est vrai. Gilles parle, essaie de stimuler, d'encourager. Ils écoutent. Il leur propose de revenir le voir. Ils ne reviennent pas.

Un soir ce fut une dame d'un âge certain, chapeautée, corsetée, au port rigide, à la démarche nette, qui vint lui annoncer, d'un ton qui n'admettait pas de réplique :

– Mon Père, je m'accuse d'avoir manqué la messe une fois.

Gilles attendit la suite. La suite ne vint pas. Il demanda timidement :

– Et... c'est tout?

Et c'était tout.

Il était évident qu'elle n'avait jamais tué ni volé, qu'elle n'avait jamais menti à personne ni dit du mal de son prochain. Elle n'était ni querelleuse, ni envieuse, ni luxurieuse, ni paresseuse, ni avare, ni prodigue, ni coléreuse, ni méchante, ni rien. Elle donnait au denier du culte. Elle disait ses prières.

Il était jeune alors, dans le métier. Il n'osa la féliciter. Mais il se sentit triste.

ET la messe commence. Et ils ne sont pas là. A part quelques-uns, clairsemés, chacun à *sa* place, à distance respectueuse les uns des autres et de l'autel, de quoi ont-ils donc peur?

Quelques purs et durs, toutefois, viennent au second rang. On peut les saluer, leur demander éventuellement d'assurer les lectures, de donner la communion. Ce sont, bien entendu, toujours les mêmes, et cela sera reproché, comme il se doit, en d'autres temps et en d'autres lieux, par ceux qui ne seront jamais à l'heure. C'est ainsi.

Parfois l'animation est prise en main par des laïcs. Pendant que le prêtre s'avance ils lisent une monition, généralement reprise de fiches liturgiques toutes faites et bien faites, qu'on reçoit chaque semaine. C'est lu avec conviction, certes. Mais c'est lu. Ça parle à tout le monde et à personne, qui s'en soucie vraiment? Puisqu'ils ne sont pas là, la plupart, pas encore arrivés.

Le prêtre salue l'autel, monte à l'autel, baise

l'autel, et se campe derrière le lutrin. La monition est achevée. Un chant de rassemblement se déploie. Mollement. Il s'agit de célébrer la joie d'être ensemble, réunis par le Christ. Mais interprété par ces quelques fidèles en ordre dispersé, il est lourd, ce chant, et fatigué, et vieux, qui sert surtout à couvrir le remue-ménage de ceux-qui-sont-en-retard-mais-pas-trop.

Signe de croix. On le voudrait ample, lent, vécu de l'intérieur, dans un silence intense. Mais les portes cognent encore. Gilles s'entend dire : « Bonjour à tous. » Il s'entend dire que « nous sommes réunis en ce douzième dimanche ordinaire », accumuler les pléonasmes. Il s'agit, semble-t-il, de parler pour parler, pour masquer le vide et la fatigue, pour capter l'attention, arracher ces braves gens à ce qui les occupe encore, les amener à reconnaître qu'ils ne sont pas là par hasard, par routine, parce que c'est comme ça, mais qu'ils sont attendus, espérés, qu'ils ont besoin, éperdument, d'un quelque chose, d'un quelqu'un, d'un Au-delà, d'un Inconnu, d'un Sauveur, oui, prêt à leur pardonner, à leur apprendre à vivre libres, heureux, souverains, déchaînés, détachés du péché, du mal, délivrés de la tristesse, de la mort, et que c'est Lui qui les invite ici, maintenant, tout de suite, et que c'est pour leur bien.

Bienheureux quand l'organiste laisse un temps de silence avant de faire gémir son instrument. Bienheureux si l'on dispose d'un rien de temps pour reprendre conscience, au moins un peu, de sa faim et de sa soif, de sa tristesse, de son ennui, et pour désirer boire et manger, et appeler, confiant, à un secours. Ce serait si facile s'ils étaient déjà là. Mais dans ce prétendu silence on continue d'entendre des portes qui se ferment, des bruits de pas, des chaises qu'on remue, des toux, des chuchotis.

On chante la Gloire de Dieu. C'est une hymne des premiers âges, des premiers temps, qu'on se transmet de siècle en siècle, comme un flambeau, comme une torche, comme un vitrail ouvert à la lumière. On la voudrait chantée du fond du cœur, des tripes, par un peuple debout, relevé, fervent, émerveillé. Mais ils en ignorent le texte, la plupart, la plupart de ceux qui sont là, et les musiques dont ils disposent sont souvent difficiles. Alors ils le récitent, le Gloire à Dieu, d'un ton grisâtre, consterné. Ils reprennent un refrain, dans le meilleur des cas, histoire de marquer le coup. Et ils écoutent l'oraison lue par le célébrant. Après, ils peuvent s'asseoir.

La Parole de Dieu est lue par des laïcs, c'est une bonne chose. On les voit s'approcher d'un pas furtif, passer devant l'autel, hésiter entre une génuflexion et un salut, osciller, dans le doute, en une espèce de pirouette vague qui ne signifie rien qu'ignorance et malaise, parvenir au lutrin, prendre leur élan, lire.

Et Gilles observe, écoute. Et il a mal. Mal de

ces dos voûtés ou raides, du débit saccadé, trop rapide, des finales inaudibles, des liaisons esquivées. Mal du visage de tous ceux qui écoutent, le regard neutre et comme résigné. En vérité vos corps parlent, mes frères, et vous trahissent, le savez-vous? Ils disent la tristesse, la fatigue, l'ennui. Vous écoutez, mes frères, la Parole de Dieu, c'est tout l'effet que ça vous fait?

Et le prêtre entre en scène à nouveau, lance un « Alléluia » repris timidement par l'assemblée, proclame la Parole dont il est serviteur.

Qui dira le drame qui se joue? L'Évangile, il faudrait disparaître devant, le laisser retentir, pur et nu, jusqu'au plus profond de chacun, comment faire? Il faudrait le connaître par cœur, être habité par lui, le laisser, comme un flot de sang et de feu, envahir la poitrine et la tête et le ventre et les membres, et les mobiliser, il faudrait lui fournir un corps vif, le laisser s'incarner à nouveau... Comment ne pas risquer de faire, si peu que ce soit, du théâtre? Comment ne pas s'efforcer de capter par soi-même l'attention de ceux qui sont là, qu'on sent, qu'on voit être distraits, agités, somnolents, ou bien encore le nez dans leur bouquin – ils vous diront que c'est pour ne pas en perdre une miette, ils le croient sûrement! – qui n'essaieront jamais, fût-ce une seule fois, de fermer les yeux et d'être tout silence, tout accueil? Et pourtant la Parole est vivante, faite pour être dite et entendue et non pour être lue, elle doit passer de souffle en souffle, de vie à vie. Mais ils en font des mots, des idées, des choses à réfléchir, des machins à penser... Gilles en sort épuisé au moment où il doit parler.

Car il faut bien parler, après l'Évangile. L'homélie, le sermon, le prône, c'est liturgique. Gilles est transi.

Il est transi. Ils sont tous, là-devant, et il est seul. Qu'attendent-ils? La parole? Celle qui bouleversera les cœurs et les consciences? Ou celle qui flattera l'intelligence, qui renforcera chacun dans ses opinions religieuses? Celle qui remuera tout juste assez pour qu'on se sente pieux un moment, un court instant, avant d'être à nouveau happé à la surface par les désirs et par les peurs qui vous tenaillent, qui vous taraudent, mes bien chers frères? On lui dit parfois qu'il a bien parlé, on lui demande le texte du sermon. Il répond que c'est impossible, qu'il n'y a pas de *texte,* jamais, qu'il n'a jamais pu rédiger. Si vraiment quelque chose vous a frappé, dit-il alors, tant mieux, retenez-le, savourez-le, c'est peut-être un appel du Mystère, c'est son secret et c'est le vôtre, et je n'ai pas à le savoir. Comment leur faire comprendre que l'homélie est faite par eux, la plupart du temps, qu'ils la provoquent, la suscitent, selon qu'ils en ont soif ou pas?

C'est bouleversant, quand le miracle vient. On s'entend dire ce qu'on n'a pas prévu, ce qu'on ne savait pas soi-même savoir ou croire, les idées naissent, images, appels, cris et poèmes, on entend le silence, ceux qui sont là sont réceptifs, avides, leurs cœurs appellent, aspirent une parole qui sort de vous, qui ne vient pas de vous, pas seulement, vous ne savez comment, pourquoi.

Ah, bien sûr, si l'on a composé son texte auparavant, si on le lit tel quel aux quatre messes du dimanche, on est tranquille, pas de danger, pas de vide, pas de trou, pas de bêtise, de digression à craindre. Mais non, vraiment, il n'a jamais pu faire ainsi. Question d'honnêteté. Les lectures à commenter sont peut-être les mêmes, mais les assemblées sont différentes, chacune a son visage propre, ses réactions, sa sensibilité, chacune est à respecter, à séduire, à réduire, si vous voulez, à éveiller, à captiver, sans qu'on soit maître de la chose, au contraire. Il n'y a pas de truc, dit-il, on est seul, on est pauvre, et c'est cela qu'il faut.

Ce n'est pas au séminaire qu'il a appris cela. Là-bas on aurait plutôt tenté de lui enseigner à dire des choses intelligentes. A faire des dissertations bien construites. A caresser l'esprit du public. A être intéressant, émouvant s'il pouvait, pas trop quand même – on se méfiait, à juste titre, du lyrisme et de l'émotion. On appelait cela nourrir le peuple de Dieu, celui qui le faisait avec application avait le sentiment d'accomplir son devoir, les auditeurs aussi, tout était pour le mieux dans le meilleur des mondes.

Qui aurait osé dire une parole vraie, une parole

libre? Et cependant, tout le monde le sait, seule une parole venue des profondeurs, de plus loin que la seule intelligence, de plus loin que les sentiments, de ces zones obscures, de ces cryptes secrètes au creux de l'être, palpitant avec le souffle, le sang, issue des silences du dedans, a le pouvoir de faire écho à l'Évangile, de le commenter en vérité, de l'éclairer, tout le monde le sait, tout le monde le tait. Comment aurait-il pu leur dire, Gilles, que non, cent fois non, il ne veut pas agencer des idées, commenter des opinions, y rajouter la sienne et l'étayer le mieux possible pour entraîner leur adhésion, édifier une harmonieuse construction de mots, un assemblage équilibré qui flatterait leur mental, les distrairait de leur ennui en leur donnant à réfléchir sur quelque sujet pieux?

Et pendant ce temps-là, d'autres arrivent encore, furtifs dans le meilleur des cas, sans grande gêne le plus souvent. Ce sont toujours les mêmes, que cherchent-ils, qu'attendent-ils, qu'espèrent-ils? Habitués à venir à la messe, habitués à être en retard, habitués à ne pas écouter, ils auront fait ce qu'il convient de faire, ils auront rempli leur tâche, leur devoir, ils en sont convaincus, ils auront eu la messe, *leur* messe, et d'ailleurs ils vont communier. Et si le silence est venu, si le miracle s'est produit, ils l'ont cassé. Et ne le savent pas.

Il se retrouve ensuite assis dans un fauteuil, Gilles, écrasé, un grand trou au-dedans de l'âme. Il voudrait s'effacer, disparaître, quelque chose est brisé en lui, brûlé, le Mystère est trop grand, ces gens sont trop nombreux, dont il voudrait que le cœur s'ouvre et pleure, que naisse en eux un désir fou, une faim, une soif dévorante d'autre chose, d'un absolu d'amour et de bonheur, les arrachant à ce à quoi ils tiennent et à ce qui les tient, à ce qu'ils savent, à ce qu'ils croient savoir, à leurs soucis au ras du sol, à leurs désirs et à leurs peurs. Car tous, tant qu'ils sont, ils ont peur, cela se sent, cela se voit, c'est tangible, palpable, cela suinte, dirait-on, des murs où ils s'enferment, où ils se cachent les uns des autres. Et cela se confirme dès qu'on commence à les connaître.

Quand renaissent les toux, très vite, quand le frémissement confus de cette foule révèle l'impatience, le prêtre se relève, marche vers le lutrin, s'arrête. Ils attendent. Il faut leur faire signe, à chaque messe, pour qu'ils se lèvent et professent leur Foi. Et là encore la formule est ancienne, mystérieuse, et chaque affirmation est de feu et de sang, on voudrait s'arrêter, laisser retentir aux quatre coins de l'âme, de la conscience, ces vérités trop fortes dans leur habit des premiers temps, mais comment freiner la machine pesante lorsqu'elle s'est mise en branle et récite, automatiquement, tous ces mots incongrus, sans s'étonner, apparemment, sans chercher à connaître, à comprendre, à goûter?

Un autre laïc vient lire les intentions de la Prière universelle. C'est long, neuf fois sur dix, et tortueux, repiqué aux fiches liturgiques toutes faites et bien faites, on a le sentiment, sans doute, de dire quelque chose. L'assemblée ponctue d'un refrain. Le prêtre conclut. On s'assoit. On entend les premiers bruits de sous.

Et pendant que Tu es béni, Dieu de l'univers, Toi qui nous donnes ce pain, fruit de la terre et du travail des hommes, pendant que nous Te le présentons, il deviendra le Pain de la Vie, pendant que l'orgue fait ce qu'il peut pour atténuer le remue-ménage et le bruit de monnaie qui tombe, quelques personnes font la quête, et cela dure un bon moment. Et sur la fin, parfois en procession, ils apportent les paniers et les déposent devant l'autel, en évidence.

Et c'est vrai que c'est important. Que cette ferraille nous permet de vivre, dit Gilles, qu'elle représente l'offrande de tous ces braves gens au Dieu qui les attend, et que c'est beau.

Et c'est vrai que tous ceux qui se sont essayés à déplacer la quête, à déposer, par exemple, les paniers à l'entrée de l'église ont vu non seulement les ressources diminuer mais aussi les gens mécontents de devoir mettre la main au porte-monnaie sitôt arrivés au lieu saint, ça se comprend aussi.

Mais tout de même il n'est pas beau, ce cliquetis de pièces et, là-devant, dans ces tristes corbeilles, c'est moche, ces sous. Et Gilles n'a pas de solution, à moins de couvrir les paniers.

Mais voici le plus dur, préface, sanctus, prière

eucharistique, immense, vibrante, radieuse. Il aimerait être entouré, ne plus se sentir isolé, face aux fidèles, mais bien au milieu d'eux, qui attendent devant. Que chaque mot, comme pour l'Évangile, se fasse chair et sang, souffle et don, éclose du silence, comme l'amour, comme la vie. Comment vivre cela la tête penchée, tournée vers le bouquin, baissée vers le micro? On le peut, cependant, il faut croire, on le fait en tout cas, comment agir autrement sans s'emmêler, sans s'embrouiller? Et pourtant, au plus profond de lui, il en est persuadé, qui fait ainsi fait mal et fait du mal, tombe dans le ronron. C'est pourquoi il s'est mis à apprendre, à réciter par cœur, du fond du cœur, en regardant le ciel.

L'assemblée est quasi silencieuse. Certains se sont mis à genoux, tordus sur leur prie-Dieu, si rare une attitude belle! Ils attendent. Ils attendent les paroles de la Consécration, « Ceci est mon corps, ceci est mon sang », comme si, à cet instant magique, le Christ apparaissait, comme s'Il n'était pas présent, déjà, depuis l'origine, le commencement de la messe, présent tout entier dans cette Parole qu'ils n'ont pas entendue, dans ces frères qu'ils ignorent et même, bien avant tout cela, dans leur propre cœur où ils ne vont jamais.

Et Celui qui est là, étrangement, sous ces pauvres apparences de quelques hosties plates et d'un verre de vin blanc, réellement présent, sans doute, mais pas plus qu'autrement, dans sa parole, et dans ses frères, et dans leur propre cœur, Celui qui est présent, ici et maintenant d'une manière tout autre, n'est là, en vérité, que pour se donner à eux, communier à eux, et c'est sa raison d'être, savez-vous, que de se donner ainsi, dans la matière chaude et souple et lourde de nos corps.

Vertigineuses, ces prières. Chaque mot, il faudrait en distiller chaque mot, le faire surgir, brillant et nu, d'un écrin de silence. Peut-être alors ceux qui voudraient changer, ceux qui se plaignent qu'elles sont vieilles, toujours les mêmes, que leur style ne leur parle pas, ni aux enfants, ni aux jeunes, pourraient-ils les découvrir profondément, laisser monter en eux des harmoniques et des échos, naître des poèmes et des chants, se savoir emportés dans l'offrande du Christ, dans la danse de Dieu, confrontés au Mystère qui les attend depuis l'éternité, se donner au Père dans le Fils qui se donne, dans le tourbillon de l'Esprit.

Gilles prend la patène, le calice. Il présente le pain et le vin, le Corps et le Sang. C'est le point culminant du Mystère. Il dit : « Par Lui, avec Lui et en Lui, à Toi, Dieu le Père Tout-Puissant, dans l'unité du Saint-Esprit, tout honneur et toute gloire pour les siècles des siècles. » Et le peuple répond : « Amen. »

Beaucoup, parmi les fidèles, accompagnent le prêtre, prononcent la formule avec lui. Il paraît qu'ils n'ont pas le droit. Ce n'est pas liturgique, disent ceux-qui-savent. Et ils font de cela un cheval de bataille, s'attachent à la règle, à la forme, condamnent les coupables, vitupèrent, s'offusquent, tout est bon pour avoir raison, tout est bon pour être dans les bons, dans les purs, tout est bon pour rejeter l'autre.

Le Notre Père est récité ou chanté. Trop vite. Comme le Gloria, le Credo. C'est un train sourd, un troupeau de bisons qui détale. Parfois Gilles a tenté de le faire reprendre une seconde fois, lentement, en pesant les mots, en faisant silence entre chaque phrase, en pensant au sens des paroles, en essayant d'être présent. On ne peut faire ainsi chaque dimanche.

Nouvelle épreuve. On prie pour l'unité, la paix. Comme il voudrait ne pas connaître, au sein de ce troupeau, les jalousies, les rancœurs qui macèrent, les haines entretenues. Ne pas voir ceux qui soigneusement s'évitent et qui, campés chacun dans ses opinions propres, recherchent avant tout dans ceux qui leur ressemblent des alliés contre d'autres. Des murs les séparent. Ils se protègent, se préservent les uns des autres. Moyennant quoi ils prient pour l'unité entre les hommes. D'ailleurs le Christ est mort pour elle, Il a donné sa vie, son sang, ils le croient, ils l'affirment.

Mais n'importe. « Échangez un signe de paix », dit le prêtre, donnez-vous la paix, Sa paix. Oubliez tout. Vous êtes nus, tous, et pauvres, et timorés, égoïstes, tous dans le même sac, dans le même bateau, dansant sur un volcan, en marche vers le même port, la même mort, vous avez beau fermer les yeux, elle vous attend, la camarde, et vous avez la frousse, avouez-le, vous avez beau faire les marioles, vous en prendre les uns aux autres, affirmer, prétendre, combattre, vous opposer, vous indigner, vous agiter, faites la paix pendant que vous êtes en chemin, c'est cela qu'on attend de vous, et cela seul, au lieu de vos disputes éternelles sur le sexe des anges. Vous chercherez à témoigner plus tard.

Car si le Christ a faim de se donner à vous, s'Il se fait pain et vin pour se donner à vous, pour communier à vous, c'est qu'Il sait tout cela, Il sait que vous ne vous en tirerez pas sans aide, sans accepter un souffle neuf, force, grâce, Saint-Esprit, qu'importe le nom et qu'importent les courants d'air, vous êtes trop frileux du cœur, mes bien chers frères, alors éveillez-vous à l'amour qu'on reçoit et donne largement, sans compter, c'est une large mesure, tassée, secouée, débordante, qu'on versera dans les plis de votre vêtement, regardez-vous les uns les autres avec un regard rafraîchi, rénové, un regard rajeuni, libéré, un regard créateur, tout le secret est là.

Oui. Mais comment ne pas voir ces gestes étriqués, retenus, coincés, ou au contraire nerveux, ces poignées de main un rien trop empressées, chaleureuses, certains sont naturellement expansifs, ils prennent ça pour de la charité. Mais en fait ils sont rassurés. Ils savent qu'à côté il y a la famille, ou des amis, ou bien des inconnus et c'est parfois plus simple car ça n'engage à rien. Les autres, les *vrais* autres, si autres qu'on ne veut pas les voir, encore moins les aimer, sont loin, dans un autre coin de l'église, ou à une autre messe.

Et cependant c'est beau, ce geste, si malhabile soit-il, qui nous oblige, si peu que ce soit, à sortir de nous-mêmes, de notre dévotion à nous, dit-il parfois, qui casse un peu, si brièvement, la solitude dont on souffre ou celle où l'on s'abrite, et c'est toujours un peu la même. La paix, avec soi, avec Dieu, avec l'Autre, c'est le besoin le plus profond, le désir le plus inconscient, qu'on cherche à assouvir en se protégeant, en se préservant de cela même qui pourrait libérer, de ceux-là mêmes que l'on pourrait aimer avec bonheur. Chacun, chacune de ceux qui se veulent disciples devrait pouvoir se tourner vers n'importe quel autre et lui dire : « Ta façon de comprendre la Foi n'est pas la mienne, tes idées, théories me paraissent fausses, dangereuses même, ta manière d'être me repousse, ta tête ne me revient pas, mais qu'importe, tu existes, Dieu t'a tiré du néant, pour rien, par amour, par bonheur, et tu comptes à Ses yeux, je te le dis, quelle merveille, un homme! » Nous n'en sommes pas là, tant s'en faut, ça viendra bien un jour, en attendant un souffle de détente passe sur l'assemblée, c'est déjà un petit quelque chose.

La communion. Ils y viennent, elles y viennent, en défilé, à pas menus, à pas comptés, les mains jointes, la bouche pincée, les yeux baissés, le cul et les genoux serrés, pour recevoir le Corps du Christ. Visiblement ce n'est pas l'heure de rigoler. On dirait qu'ils vont prendre une purge. Les dos se voûtent, c'est incurable, de quoi avez-vous donc peur, ne serait-ce pas le moment, au contraire, de respirer plus largement? D'autres, il est vrai, se tiennent raides, et cela parle aussi à qui sait entendre, cela dit la rigueur d'une vie sans faille, la rigidité d'une morale impeccable, du devoir accompli, le sérieux d'une vie sans passion, respectable, responsable, étouffante d'ennui. On demande des pécheurs. Qui auraient entendu ces mots éblouissants : « Relevez-vous, c'est moi, n'ayez pas peur. »

La main, la bouche, qu'importe, si le geste est vrai? Il y a ceux qui attrapent l'hostie avec des doigts d'avare. Ceux qui, paupières closes, entrouvrent une bouche en tirelire. Ceux qui happent le Corps du Christ d'une langue de caméléon et vous salivent sur les doigts, tant pis pour ceux qui suivent. Ceux qui, les mains à peine dépliées au niveau du nombril, tendent aussi les lèvres, et il faut deviner. Et ceux qui, bouche ou mains offertes, vous font un regard chaviré, extatique, je ne vous dis que ça, on dirait qu'ils vont jouir dans l'instant et ça laisse pensif.

Rarissimes les fidèles qui regardent le prêtre en face, droit dans les yeux, avec un vrai sourire, ni crispé ni mouillé. Quelques enfants, heureusement, de ces petits bambins qui ont sept ou huit ans, rarement plus, et vous tendent les mains, les bras et tout le corps, dans un geste splendide d'accueil et d'offrande à la fois, les yeux heureux, car ils n'ont pas encore appris les grimaces des grands. Ceux-là savent ce qu'ils font.

Gilles soupire. Gilles a mal. Ce piétinement mou de gens tristes lui serre le cœur. Même si, parfois, rarement, lui revient une image fugitive, fulgurante, de foules d'estropiés, de tordus, de bancals, qui vont en plein soleil, sur une colline pelée, dorée, tout à côté du lac très bleu, vers le prophète barbu qui les accueille tous, tels qu'ils sont, boiteux, malades, ratés, mauvais, égoïstes, violents, voleurs, menteurs, sensuels, méfiants, envieux, peureux, lâches, j'en passe et des meilleures, il les accueille tous. Et chacun prend ce dont il a besoin, ce dont il croit avoir besoin, laisse le reste, s'en va. Rien n'a changé, soyons honnêtes, et Lui le sait, Lui tout seul là-haut sur sa colline, là-haut et ici-bas en même temps, jadis et maintenant ensemble, Lui le sait et point ne se dérobe. Tel veut la guérison, tel autre le confort moral, spirituel, être rassuré, protégé, se sentir en sécurité, du bon côté du jugement. D'autres attendent des sentiments, des émotions, se sentir pieux quelques instants. D'autres encore demandent quelque chose sur quoi réfléchir, disserter, s'échauffer le mental. Et Lui le sait, qui a des trésors à donner, la clé d'un bonheur fou, une liberté absolue, et qui les voit se chamailler, se disputer pour de la pacotille, repartir avec trois fois rien.

Tel ce roi oriental qui convie un jour ses épouses à un banquet et leur ouvre ses coffres. Et toutes se précipitent, s'arrachent les bijoux, les parfums, les soieries et les fards et les nards, et elles rient, et elles gloussent. Une seule, à l'écart, en silence, n'est que simple regard sur le roi, et c'est elle qui sera l'élue.

Le Mystère se poursuit. Le Corps du Christ est distribué. Il s'est donné à tous, sans distinction. Il prend chair en chacun. Le Corps du Christ c'est eux, c'est moi, c'est nous, mes bien chers frères, il n'y a plus ni juif, ni Grec, ni esclave, ni homme libre, ni homme ni femme, il n'y a que le Christ, présent en tous et toutes. Et pendant que l'orgue continue son tintouin, pendant qu'ils sont assis, ou debout, ou à genoux, encore, toujours tordus, voûtés, pendant que le prêtre purifie les coupes et le calice, porte au tabernacle les hosties consacrées, remonte à son fauteuil, s'assoit lui aussi, vidé, assommé, dans cette foule molle, dans cette église froide, Dieu se répand, s'incarne, trouve sa joie à se donner aux hommes, à les nourrir, à s'unir à leurs fibres, c'est invraisemblable, c'est incroyable, et c'est ce qu'on veut croire.

Mais les toussotements reprennent, un monsieur se mouche à grand bruit, ça fait partie du rite, les bébés braillent et les messieurs se mouchent.

On sent le frémissement de l'assemblée qui s'impatiente, ce demi-silence est encore trop long, ils ont à faire, que voulez-vous, ce serait bon pourtant de prolonger, de faire durer, de rester en suspens, en attente, un tout petit moment, face au Mystère nu, silencieux, ça vaudrait la peine d'essayer. Mais c'est du silence qu'ils ont peur.

Le prêtre se relève donc, lit l'oraison finale, fait quelques annonces, pendant que les premiers s'en vont déjà, surtout ne pas perdre une minute, après tout l'essentiel est fait, tout est accompli, qu'importe la vie de la paroisse, de l'église, des autres, il est tard, il fait nuit, il y a le dîner, les amis, la télé, on va manger la soupe.

Il bénit quand même, Gilles. Il voudrait embrasser le monde, et tous ceux qui sont là, unis, réconciliés avec eux-mêmes, avec Dieu et avec les autres, du moins voudrait-on le croire, car au-delà de vos opinions, de vos impressions, de vos querelles, vous êtes tous des enfants, *ses* enfants, vous êtes tous frères, mes frères, mes biens chers frères, mes tristes frères, vous n'avez qu'un seul Père, vous l'avez dit et redit tout à l'heure, vous êtes aimés, infiniment, absolument, à la folie, tels que vous êtes, avec votre bien, votre mal, jusque dans vos détresses, jusque dans vos misères, malgré les apparences parfois, c'est cela qui compte avant tout, plus que tout, alors continuez, avancez, gardez l'amour, gardez l'humour, évadez-vous de vous-mêmes, évadez-vous de vos limites, devenez ce que vous êtes, osez, soyez libres, souverains, le sel de la terre, le levain... Lyrique, Gilles, quand il s'y met.

Un dernier chant qui envoie en mission. L'eucharistie est la source et le sommet de toute évangélisation, a dit Vatican II. Nous avons à transmettre, à porter au monde une Bonne Nouvelle, à témoigner... L'orgue mugit, c'est son instant de gloire à lui aussi. Les fidèles s'en vont, qui à son champ, qui à son commerce. Le prêtre redescend, salue les uns, les autres, ceux qui s'attardent un peu car il y en a quand même, passe de groupe en groupe, échange quelques nouvelles, quelques blagues, il a parlé de Dieu, d'amour, de liberté, d'éternité, on lui parle de faire-part de mariage, c'est la détente, il faut bien, c'est normal, c'est humain.

Et pendant qu'ils s'en vont pour de bon, on commence à ranger les coupes et le calice, les linges, les livres et les sous de la quête. On éteint les cierges. On fait le tour des portes, on manœuvre et verrouille les quatorze serrures, targettes, verrous, loquets, crochets, machins, et Gilles s'en va, un nœud à l'estomac, la tête vide, le cœur comme un chiffon mouillé, c'est fini.

NON, Gilles n'a pas bu de vinaigre. Non, il n'a pas de bile dans le sang. Non, il ne regarde pas par le petit bout de la lorgnette, ne s'arrête pas aux apparences, à l'écorce des choses. Lorsqu'il tente de s'ouvrir aux confrères, de partager ce qu'il ressent, il s'entend dire qu'il n'a pas tort mais qu'on sait tout cela depuis toujours, qu'on n'a pas attendu après lui pour en être conscient, en souffrir. Mais il y a la pesanteur humaine et ses limites, l'Église est incarnée, lourde de péché, ces flasques assemblées en sont le signe, probablement. Et justement, le Christ, lui, au moins, aime les hommes tels qu'ils sont, si pauvres, démunis, médiocres soient-ils. C'est même pour cela qu'Il s'est fait l'un d'entre eux, ne rêvons pas d'une Église de purs.

Il est vrai. Mais il est vrai aussi que Gilles ne juge pas sur la mine. Qu'il n'est pas charismatique non plus, amateur de ferveur sensible, d'extase, *chrétiens, sortez vos têtes de ressuscités.* Cela le repousserait plutôt. Il ne juge pas, non. Mais il s'ennuie. Comme tous ces gamins qu'on traîne à la messe de gré ou de force et qui désertent à la première occasion, tous ceux qui, devenus grands, croient-ils, resteront à la porte, vaccinés pour de bon, abandonnant la Foi pour des raisons étrangères à la Foi, et ils sont trop nombreux pour qu'on ne cherche pas à comprendre pourquoi.

Et d'ailleurs, peut-être n'est-il rien d'autre que cela, Gilles, un enfant qui n'a pas trahi. Les gens-qui-savent le disent immature.

LES gens-qui-savent le disent immature. Ils n'ont pas tort, sans doute. Mais ils n'ont pas raison non plus. Il a beaucoup lutté pour en arriver là. L'histoire a été longue, long le combat pour réussir à conserver, même écorché, amputé, abîmé, un petit quelque chose de l'enfance, un rien de folie, de candeur, un regard qui ne soit pas éteint complètement à l'âge adulte. Ça se paie cher.

Au départ, guère de prédispositions directes. Le milieu n'était pas *porteur,* comme on disait dans la tribu. Des générations mi-païennes, mi-crédules, les hommes, anticléricaux par principe, laissaient la religion aux femmes et aux enfants à condition que ça ne dérange pas la vie de tous les jours.

Un père bourru-mais-bon-cœur, fâché, lui, totalement, avec les curés, et depuis toujours. Car il chahutait au caté et l'Abbé, une vraie peau de vache, le mettait à genoux sur les dalles, sur ses malheureux genoux couronnés à la suite de chutes et de bagarres diverses. Et puis il y avait eu le jour noir. On avait demandé des enfants de chœur en supplément pour un service funèbre de première classe. Il y avait dix sous à la clé. Il s'était porté volontaire, le gamin, dix sous, c'était quelque chose! Et il était passé, ensoutané de noir avec un surplis blanc, portant la croix à la tête du cortège, devant la maison paternelle où son grand-père, gros mangeur d'ecclésiastiques notoire, lorgnait en douce par la fenêtre. La honte. Le pire étant qu'au moment de recevoir ses dix sous, il s'était entendu dire par le curé : « Oh, toi, tes parents sont riches, tu n'en as pas besoin! »

Plus tard, bien avant la naissance de Gilles, l'enfant de chœur était devenu patron d'usine. Une de ses employées, sans doute vieille fille et bigote, rêvait de Lourdes. C'était le désir de sa vie, l'inaccessible étoile. Voir Lourdes et mourir, en quelque sorte. C'était bien avant 36, les lois sociales, congés payés et autres luxes inouïs, Lourdes, La Mecque, Rio ou l'île de Pâques, c'était un peu pareil. Jusqu'au jour où le patron bourru-mais-bon-cœur et anticlérical lui accorda une semaine et un aller et retour pour Lourdes, allez, allez, comme ça vous nous ficherez la paix. Émotion de l'employée, que vous êtes bon, je prierai pour vous, surtout pas, répond-il, ça va me porter malheur, ne dites pas cela, monsieur, vous qui êtes si bon, etc.

Ça n'avait pas manqué. Deux jours après le départ de la dévote, son patron incrédule, au cours d'une inspection quelconque, était passé à travers une verrière. Un bras cassé. C'était peu mais c'était trop. Toute la famille avait ri. Ça ne l'avait pas réconcilié avec la religion.

Du côté de sa mère, cela ne valait guère mieux. Elle était très pieuse à sept ans. On l'avait placée dans un pensionnat en briques tristes, histoire de lui faire du bien, pendant que son papa était malade. La sœur qui s'occupait d'elle l'appelait « ma petite sainte ». Elle la faisait prier très fort pour que le Bon Dieu guérisse son papa. Et elle priait très fort. Elle était sûre que son papa guérirait, qu'ils repartiraient tous pour Nice, où ils avaient passé un an, où il y avait des palmiers et la mer, et puis des petits ânes, cours Mirabeau. Et son papa était mort quand même. Et la sœur continuait de la faire prier pour qu'il guérisse. Et la fillette avait compris. On s'était moqué d'elle. On ne s'en moquerait plus.

Ça marque pour la vie, des histoires comme ça. On a beau dire, beau faire, les enfants abîmés ont beau comprendre, en grandissant, que la bêtise des gens de religion n'est pas un argument contre l'existence de Dieu ou la vérité de l'Évangile, que la Foi qu'on a ou qu'on croit avoir n'a jamais fait d'un imbécile une personne intelligente, ils n'y peuvent plus rien. On a cassé leur confiance. Et tant et tant d'entre eux ont été et seront ainsi vaccinés contre la Foi par ceux-là mêmes qui sincèrement s'imaginaient tout faire pour l'éveiller en eux, que Gilles aurait voulu chercher des voies nouvelles. Qu'il y ait toujours une certaine distance, fatalement trop grande, entre l'idéal et la réalité, et que cela soit inhérent à la condition humaine, il en était bien persuadé. Mais quand la distance devenait carrément contradiction, quand l'incohérence devenait flagrante entre cette Foi que le croyant affirmait « avoir » et l'être qu'il était, rongé de peurs inavouées, affamé de sécurité contre la douleur et la mort, avide de confort matériel, moral et spirituel, il ne fallait pas s'étonner que les enfants qui, comme les poètes et les fous, voient clairement ce que les adultes ne verront plus jamais, se sentent floués.

Bref, en toute bonne logique, il aurait dû, lui aussi, être vacciné. Certes, on l'avait envoyé au caté. Pour faire comme tout le monde, probablement. Parce que c'était dans la norme. Parce qu'on faisait baptiser les gosses, parce qu'on faisait « sa » communion, parce qu'on se mariait à l'église, parce qu'on s'y faisait enterrer, parce que c'était comme ça, parce qu'on n'avait pas besoin d'y croire mais parce que ça se faisait.

D'ailleurs les parents devaient penser qu'il n'y avait pas de raison pour qu'il attrape une Foi qu'ils n'avaient jamais reçue eux-mêmes. Il était intelligent, il comprenait vite. Il comprendrait vite.

Le calcul fut déjoué. Par la Providence, diront les uns. Par le simple fait, diront les autres, que le café devait très vite représenter pour lui la seule évasion possible hors d'un monde raisonnable, un monde de grands, de vieux, sans imprévu, sans aventure, sans attrait. Comme tous les enfants il était prisonnier, huit heures par jour, dans un lycée de pierre noire et de meulière, préau de fer, deux arbres en cage, eux aussi, dans la cour asphaltée. Un monde gris, et le ciel au-dessus, gris aussi, comme un couvercle pour que ça ferme mieux.

L'ennui. Il rêvait de soleil, d'aventures, de paysages, de montagnes, de déserts. Il regardait par la fenêtre, les feuilles des arbres, les moineaux qui fonçaient d'un point à l'autre, petites boules de plumes qu'on devinait chaudes et fragiles, vivantes, avec un cœur dedans, rempli en même temps d'insouciance et de peur. Et puis les nuages glissaient, partaient vers d'autres mondes, devenaient châteaux et vallées, bêtes fantastiques, monstres courant, caracolant, qu'on chevauchait pour s'en aller de l'autre côté de la terre, très loin, là-bas, là où l'on ne va pas, jamais, lorsque l'on est petit, qu'on est né dans un bourg d'Ile-de-France, qu'on habite un appartement microscopique quelque part à Paris, enfant seul, enfant unique, isolé, perdu parmi les adultes, entre papa-maman, qui sont gentils, qui parlent du passé, qui parlent de l'argent, de celui qu'on n'a pas, de celui qu'ont les autres, qui regardent la télé le soir, as-tu fait tes devoirs, tu devrais les faire avant qu'on soit rentrés, avant le dîner.

Le lycée était un autre monde, avec des copains rares qu'il ne voyait que là, car les parents ne les connaissaient pas, les parents ne connaissaient que les carnets de notes, toujours plus désastreux, mais les copains, les jeux, le rêve, ils n'y avaient pas accès, jamais, c'était son monde, celui du gosse, il pressentait depuis toujours que pour eux c'était sans réelle importance, il n'avait jamais pu en parler, sa mère s'en plaignait parfois, tu ne me racontes rien, reprochait-elle, et c'était vrai, il n'y arrivait pas. Plus tard il réalisa que dans bien des cas, dans bien des familles, et des mieux disposées, l'enfant n'était pratiquement considéré que comme un adulte pas fini, une sorte d'ébauche, de handicapé de la vie, qu'il fallait rééduquer au cours de sa croissance pour qu'il puisse « réussir dans la vie », s'insérer, gagner des sous, fonder une famille où tout pourrait recommencer.

Ennui. Ennui mortel. Rien ne semblait l'intéresser. Les profs y perdaient leur latin. Car il n'était pas bête. On le taxa de paresse. C'était peut-être vrai dans ce registre-là. Mais au caté au moins les valeurs étaient autres. On parlait de personnages anciens et fabuleux, avec des barbes et des vêtements flottants, pleins de couleurs, et ça se passait loin, loin dans le temps, loin dans l'espace, il y avait des déserts et des sources, des palmiers, des chameaux, des montagnes arides, des vallées perdues. Dieu se manifestait dans les éclairs et le tonnerre, dans le vent et la tempête, dans le feu et le soufre. Et puis venait le Christ, il était beau et doux et un peu triste, il aimait les hommes et les hommes ne comprenaient pas son amour, il était comme un grand enfant, sans doute, prêt à croire, prêt à donner, prêt à servir, prêt à embrasser le monde, ceux qui souffraient, ceux qui étaient seuls, qui avaient besoin d'un ami. Mais les autres n'en avaient jamais assez, ils voulaient encore des miracles, encore des guérisons, encore des merveilles, et finalement, comme ça ne suffisait pas, ils le tuaient, ses amis le lâchaient, ils allaient pleurer dans leur coin en cachette pendant qu'il était couvert de crachats, crucifié entre deux larrons, mais le troisième jour il ressuscitait en douce, il se montrait à ceux qui l'aimaient, pas aux autres, et puis il remontait au ciel, ses amis se mettaient à parler de lui partout, ils faisaient des prodiges et des conversions, ils étaient heureux, toujours, même quand on les persécutait, quand ils se retrouvaient à Rome avec les lions, personne n'y pouvait rien, ils avaient plus de joie que tous ceux qui criaient à mort.

L'aumônier était gentil, drôle, dynamique, il y croyait, ça ne le coinçait pas, il aimait rire et on riait souvent, mais par moments il devenait sérieux, grave, il fermait les yeux et parlait doucement, il soulignait quelque chose d'important. Ou encore il disait la messe dans la cave de la boutique qui servait de local, juste en face du lycée, on faisait silence, on était dans le sacré, c'était beau.

Oui, tout cela avait dû jouer, du moins dans un premier temps. Il y avait une attirance. Et en même temps de la défiance. On lui avait déjà fait croire au père Noël, et il avait été profondément mortifié et vexé d'apprendre par les copains que c'était une blague. Non que la disparition prématurée du père Noël l'ait réellement affecté. Mais le fait de s'être laissé avoir, si. Il en avait conçu, sans qu'il s'en soit vraiment rendu compte lui-même, une méfiance instinctive pour les histoires des adultes. Et même si, dans le cas de Jésus, certaines grandes personnes y croyaient vraiment, ne serait-ce que l'aumônier, il avait bien du mal à faire confiance totalement.

D'autant plus qu'avec les années il avait pris conscience du fait que les adultes ne croyaient pas comme lui. Ils arrivaient en retard à la messe. Ils avaient des têtes tristes, l'air sévère. Et puis leurs chants étaient lourds et laids. Il cessa doucement de pratiquer, même s'il continuait de fréquenter les « cours de persévérance » de l'aumônier qui leur parlait des religions anciennes, de l'Égypte antique et même, aussi, au grand scandale de certains parents, des réalités de la vie dans un cours d'éducation sexuelle qui devait rendre de grands services. Mais pour le reste, il ne subsistait qu'une vague complicité, une certaine sympathie, l'Évangile lui plaisait mais il avait trouvé l'ennui jusqu'au milieu des croyants.

Plusieurs années d'adolescence s'écoulèrent ainsi,

celles d'un cancre pas chahuteur, pas sportif, binoclard et boutonneux, solitaire et ennuyé, intéressé par les mondes anciens et les mondes lointains, trompant son attente dans un groupe d'archéologues en culottes courtes, rêvant de fouilles et de voyages sous l'œil inquiet de parents perplexes.

Le presbytère était une maison carrée, grise avec des volets bordeaux, protégée du dehors par un bout de jardin, une cour et deux arbres. On y montait par un perron de trois marches, et on sonnait.

Passé la porte, on trouvait un vestibule jaune. A droite, un bureau d'accueil aux murs vert d'eau, aux meubles noirs et lourds, à l'éclairage chiche. Les soirs d'hiver on se serait cru dans un aquarium désaffecté. Puis, un autre bureau, celui de la secrétaire paroissiale qui y passait toutes ses matinées. On trouvait là les machines à ronéotyper, à photocopier et, dans des armoires métalliques, les registres de baptêmes, mariages, obsèques, les listes des enfants du caté, et quelques menues choses.

Dans le vestibule donnaient la salle à manger, meublée en faux Henri II par un curé d'antan, et la cuisine, ripolinée de frais.

La peinture de la cage d'escalier, la même que celle du vestibule, était à refaire d'urgence. Depuis longtemps. C'était jaune, ou du moins ça l'avait été, c'était pisseux. Mais il y avait des choses plus importantes.

Au premier étage, appartement du curé, chambre, bureau, salle d'eau, et deux chambres d'amis. Même chose au second, où résidait le vicaire.

Il n'y avait rien à dire, rien à redire. Tout cela était suffisamment vaste et confortable, assez loin du curé d'Ars, évidemment, mais ça ne s'improvise pas. Chaque matin, une brave Portugaise venait faire le ménage, le repassage, et un peu de cuisine. Elle était discrète, courageuse à la tâche, promenait inlassablement son aspirateur de pièce en pièce. Tout était propre et net, et plutôt deux fois qu'une.

Mais c'était laid. Et triste. Sans âme, sans saveur, sans couleur, impersonnel, muet. Comme l'église. Et la malheureuse Portugaise avait beau faire, passer et repasser sans trêve l'aspirateur et le chiffon, ça n'arrangeait pas les choses, le laid ne devenait pas beau pour autant. Il devenait du laid bien astiqué.

Gilles évoquait parfois les Petites Sœurs de Jésus et l'art avec lequel elles savaient aménager leurs pauvres locaux partout où elles s'implantaient. Avec trois fois rien elles faisaient du sacré et du beau. C'était sans doute une question de regard, de sensibilité. On n'allait pas se battre pour ça.

Bien entendu, le presbytère était toujours fermé à clé. Chacun sait que les presbytères sont très recherchés par les malhonnêtes de petite envergure, qui les imaginent, les malheureux, regorgeant de l'argent des quêtes et de richesses occultes! Ils auraient pu faire main basse sur le peu de liquide qu'on conservait habituellement, offrandes diverses, réserve pour les achats de nourriture. Ou la chaîne hi-fi du curé. Ou le magnétoscope. Ou simplement faire du dégât. Cela s'est vu. Il n'y avait qu'à demander aux confrères.

L'étonnant était que, fermés à clé ou pas, les presbytères semblaient effectivement destinés à être forcés un jour ou l'autre. Pourquoi, dans ces conditions, s'obstiner à verrouiller? demandait le vicaire. On lui répondait que les assurances n'auraient rien remboursé sans cela. Il avait bien du mal à rentrer dans ces subtilités.

Cette hantise des clés et des voleurs dans les milieux cathos lui avait d'abord paru invraisemblable, contre nature. Il avait eu du mal à prendre cela au sérieux. Puis la tristesse était venue. Ne pas provoquer, induire en tentation les malandrins virtuels était peut-être une œuvre pie. Mais le souci, l'inquiétude, voire l'obsession qu'on avait de la chose, lui semblaient de mauvais aloi.

Il est vrai que Gilles, pas plus que n'importe qui, n'avait envie qu'on lui dérobe ses pauvres trésors. Il n'aimait pas les contrariétés inutiles. Et puis, lui non plus n'avait pas fait vœu de pauvreté.

Mais comment esquiver certaines paroles du Christ, si exigeantes aient-elles été? Sans compter le témoignage des maîtres qu'on lui avait appris à admirer. Tous étaient unanimes à répéter que moins on possède, moins on est possédé, plus on est libre. Et heureux. Cette question le préoccupait.

Peut-être un jour, quand il serait curé à la place du curé...

Ça n'en prenait pas le chemin.

C'EST vrai pourtant qu'il en avait rêvé. Même s'il mettait parfois une espèce de coquetterie à laisser croire à une conversion de l'âge adulte, il devait bien admettre que les premiers prêtres qu'il avait rencontrés lorsqu'il était enfant l'avaient impressionné. Il ne se souvenait ni de leurs noms ni de leurs visages. Ils portaient des soutanes noires dont il cherchait à compter les boutons, et c'était toujours à recommencer car la ceinture en cachait au moins trois, peut-être même quatre, allez savoir. Ils représentaient à la fois la douceur et le dévouement, le mystère aussi, on ne savait rien d'eux, s'ils avaient une famille, des parents, il y avait en eux quelque chose de secret et d'attirant, une espèce de tristesse enfin, de mélancolie calme où il se retrouvait assez.

Il se voyait alors, lui aussi, environné d'enfants, dans une maison ouverte à tous, aimant, consolant, secourant, apaisant, aidant à vivre, à espérer, image d'Épinal, bien sûr, un bonhomme qui attire les foules et les conduit vers le Bon Dieu, un de ces êtres auprès de qui on peut reprendre courage, qui vous donnent la force de chercher, de vous convertir, d'abandonner le péché et le malheur qui naît du péché. Un peu guide aussi, un peu chef, pas vraiment mais quand même, s'effaçant devant Dieu, le Christ, mais comme ceux-là on ne les voyait pas, ça revenait au même. Le prêtre, on en parlait avec respect. Parfois aussi, c'était vrai, pour en dire du mal, les curés c'est : faites ce que je vous dis de faire, ne faites pas ce que je fais, disait toujours son père, mais ils avaient des amis partout, et ça c'était précieux. Il n'en avait pas trop, des amis, Gilles, quand il était gamin, d'ailleurs c'était trop petit chez lui, ses parents ne voulaient pas qu'il les fasse venir, ses copains, et c'était vrai, d'ailleurs, où les aurait-il mis?

Bien sûr, il y avait les animaux aussi, le chien, par exemple, gentil, soyeux, chaud, qui comprenait tout, surtout quand il était malheureux, qu'il avait une mauvaise note, ou que ses parents se disputaient, que le monde s'effondrait, que c'étaient des paroles dures, méchantes, et des silences lourds à n'en plus finir. Il aurait pu devenir vétérinaire, comme son grand-père, son arrière-grand-père, et encore celui d'avant, c'est son père qui avait rompu la tradition, il avait peur des chevaux, c'était une contre-indication sérieuse. Et puis les études étaient longues et compliquées et, au fur et à mesure qu'il grandissait, il devenait plus cancre, particulièrement dans les matières scientifiques.

Et puis, à vrai dire, rien n'était jamais tellement définitif. Demain se suffirait à soi-même. Gilles attendait. En somnolant. De plus en plus inquiet pourtant, malgré les apparences, au moment de l'adolescence, de plus en plus préoccupé du sens des choses et de la vie, discutant à perte de vue avec de rares amis triés sur le volet, il avait quinze ans, seize ans, dix-sept ans, noyé dans la grisaille ambiante, prêt à tout croire, prêt à tout espérer, prêt à douter de tout. En porte à faux, bien sûr, quant à la religion, il ne pouvait entendre critiquer l'Église ou les curés sans se sentir blessé, mais ne pouvait pas davantage se sentir chez lui dans ces assemblées tristes où l'on chantait le Dieu vivant.

Vint l'année du bac. La rencontre d'Olivier. Depuis deux ans dans la même classe, ils s'ignoraient superbement jusqu'au moment où un troisième larron leur permit de se découvrir. Ils partageaient la même soif, la même inquiétude, les mêmes questions. Ils s'ennuyaient de la même façon entre les murs de meulière et de pierre, dans les classes ripolinées de marron et de crème. Olivier avait beaucoup lu, cherchait le sens aussi, pensait devenir prêtre, pourquoi pas, mais auparavant il voulait partir pour l'Inde, recevoir l'enseignement des gurus. Cela étonnait Gilles, l'inquiétait vaguement, l'impressionnait plus qu'il n'aurait su dire. Ils séchaient les cours, stationnaient de café en café, jouaient aux échecs, discutaient, fumaient, reconstruisaient le monde, rêvaient de voyages, d'aventures, rien que de très normal, malheur à qui n'aurait jamais connu cela.

C'est ainsi qu'ils consacrèrent studieusement l'année du bac à composer, dans le plus grand secret, un roman édifiant, parlant de Dieu, des filles, de l'amitié. C'est ainsi qu'ils furent plus qu'étonnés de voir Mauriac refuser de le lire, les renvoyer à de vagues comités de lecture, lesquels eurent le front de leur retourner le chef-d'œuvre enveloppé de critiques plus ou moins bien enrobées. Comme ils avaient tout misé là-dessus, et sur le Goncourt qui logiquement devait s'ensuivre, ils avaient raté le bac avec un bel ensemble. La vie était devenue compliquée. Les parents s'étaient réveillés, chaque famille rejetant sur la mauvaise influence de l'autre l'échec de son propre rejeton, Olivier avait été inscrit dare-dare dans un institut spécialisé, et Gilles fait ses débuts de rond-de-cuir dans une grande administration parisienne, chienne de vie!

Passe ton bac d'abord, disaient tous les adultes. C'était la phrase magique qui répondait à tout. Les grandes questions, le sens de la vie, l'éveil de la sensibilité, la découverte éventuelle de l'amour, c'était secondaire, c'était en plus, c'était à côté. Gilles n'aurait pas su l'analyser alors, mais tout s'était passé comme s'il avait été simplement étranger à cette manière sérieuse de percevoir les priorités.

UNE seule paroisse sur cette ville de vingt mille habitants. Selon les statistiques cela représentait plus ou moins seize mille baptisés. Si l'on appliquait la règle sociologique qui affirme que, dans toute société humaine, il y a quelque sept pour cent de militants, on comptait donc environ onze cents pratiquants réguliers répartis en quatre messes dominicales. Et si l'on renouvelait l'opération, on obtenait à peu près quatre-vingts militants engagés dans les diverses activités paroissiales. La norme.

Passionnants à découvrir, ces militants engagés. Actifs, généreux, dévoués, ils étaient le fer de lance de la communauté. Les différences de sensibilités et les oppositions idéologiques qui régnaient entre eux étaient à l'image même de l'Église, perpétuellement mourante et renaissante, lieu éternel de tensions qui obligent au dépassement, à des synthèses nouvelles.

Il y avait ceux qui penchaient en arrière, cherchant à maintenir, contre vents et marées, ce qu'ils croyaient être la Tradition de l'Église, même s'ils appelaient ainsi ce qui n'était que souvenirs d'enfance, un certain nombre d'habitudes et de réflexes acquis. Le grand approfondissement du dernier Concile, qui avait précisément tenté de rajeunir le corps du Christ, de le dépoussiérer des rajouts culturels, et de retrouver une tradition des premiers âges, bien antérieure à celle qui avait marqué leur jeunesse à eux, les déroutait. Naturellement ils trouvaient partout l'occasion de souligner tel ou tel excès commis au nom de ce fameux Concile, et s'appuyaient dessus pour freiner des quatre fers lorsqu'on leur proposait une innovation ou ce qu'ils pensaient telle.

Il y avait ceux qui penchaient en avant, plongés tout vifs dans le-monde-d'aujourd'hui-tel-qu'il-est, persuadés, eux, que Vatican II n'était pas encore allé assez loin, qui prenaient pour argent comptant les théories élaborées par des théologiens de pointe pas toujours très assurés.

Et enfin ceux qui étaient bien intégrés dans l'Église de ce temps. Ceux-là étaient le corps d'élite du clergé, portaient tous les espoirs de l'Église diocésaine, suivaient tous les congrès, toutes les formations, ne manquaient pas une messe chrismale. Si les premiers penchaient non seulement en arrière mais aussi à droite, si les seconds penchaient en avant et à gauche, ceux-là ne penchaient pas, ils se tenaient tout droits, fermement, farouchement dans la norme et fiers de l'être, même s'ils ne l'avouaient pas.

Un des privilèges du prêtre est qu'il est reçu partout. C'est essentiel, s'il cherche à rencontrer ses ouailles de près, c'est captivant aussi, un émerveillement qui ne finit jamais.

Chez les nostalgiques, c'était une fête. On mettait les petits plats dans les grands. Dès l'entrée tout le monde était là, parents, enfants, pour accueillir le Père. On sortait l'apéritif avec des airs gourmands et vaguement coupables. On demandait au vicaire de bénir la table, parfois timidement, comme pour s'excuser de pratiquer encore une coutume si dépassée, parfois avec l'ostentation de ceux qui avaient la Foi, et honni soit qui mal y pense. Chez ceux dont les enfants étaient scouts on faisait entendre la rengaine, la scie sempiternelle qui demandait à Dieu de bénir ce repas, ceux qui l'avaient préparé, et de procurer du pain à ceux qui n'en avaient pas, comme s'il avait dû faire ça lui-même, le Seigneur, ç'aurait été si pratique! On en venait à se demander si ce chant et ce rite n'avaient pas pour but réel d'exorciser on ne savait quel sentiment de culpabilité devant la misère des hommes dont on s'accommodait, somme toute, assez bien.

Et puis on parlait de généralités, des premiers pas du Père à la ville et à la paroisse, des études des enfants, des difficultés de la vie quotidienne, on y allait doucement au début, comment savoir de quel côté penchait le nouveau prêtre, on le sondait sans trop en avoir l'air, et puis vite on était rassuré, il avait fait ses études à Rome, ah, Rome, on parlait du Pape, c'était une grâce pour l'Église et le monde, un Pape pareil. Et comme personne ne disait le contraire, comme le Père était visiblement bien élevé, comme il parlait de la prière, comme il avait l'air de n'avoir pas trop peur du passé, rapidement on passait aux évidences tristes : on était allé trop loin, trop vite, beaucoup de gens ne s'y retrouvaient plus, se sentaient exclus, rejetés par les prêtres et leur entourage, ça n'aurait pas été bien difficile, pourtant, de mettre un peu de latin à la messe, au moins une fois de temps en temps, de ne pas ignorer les Scouts d'Europe. Mais ils avaient lâché trop de choses, les prêtres, ils ne voulaient plus qu'on les appelle Père, il faudrait les appeler par leur prénom, les tutoyer, d'ailleurs ils n'acceptaient que ceux qui avaient un certain style. Alors les gens se décourageaient, il ne fallait pas s'étonner qu'il y ait des intégristes, et d'ailleurs, dès qu'on demandait des choses un peu classiques on était étiqueté intégriste, vous comprenez, mon Père, vous comprenez, mon Père.

Chez les modernes, c'était plus simple, on avait bazardé les vieux rites depuis belle lurette, on le recevait à la fortune du pot, on le tutoyait d'emblée, ça montrait qu'on était dans le coup, qu'on connaissait d'autres curés, qu'on savait qu'ils étaient comme tout le monde, c'était sympathique. Autrement, c'était à peu près le même schéma, on faisait connaissance autour d'un verre, on parlait de généralités, on en venait très vite à partager ses évidences, les structures étaient trop lourdes, les prêtres trop vieux et trop cléricaux, les options de l'Église rétrogrades, la paroisse trop somnolente, les gens ne s'engageaient pas, beaucoup se sentaient exclus, rejetés, ne trouvaient plus leur place dans le système, alors ils quittaient, créaient des petits groupes informels où l'on accueillait tous ceux qui voulaient, c'était sans doute cela l'avenir, mais qu'est-ce que tu veux, pour le caté, par exemple, on est bien obligé de passer par l'institution, ou alors il faut sortir complètement de l'Église, tu comprends, Gilles, tu comprends, Gilles.

Et chez ceux qui étaient dans le coup, c'étaient encore le même rituel d'approche, les mêmes évidences, à ce détail près que chez eux c'étaient les premiers et les seconds qui trinquaient, trop rétro ou trop d'avant-garde précisément, en attendant, tu comprends, Gilles, on ne trouve plus grand-monde pour assurer les services d'Église, c'est chaque année la même chose, la croix et la bannière pour trouver des catéchistes, des animateurs, et encore plus pour en trouver qui acceptent de se former, parce que tout de même, on ne peut pas s'improviser catéchiste ou animateur, il faut une formation, tu comprends, moi aussi, au départ, je ne me rendais pas compte, mais en suivant les sessions à l'évêché, j'ai complètement redécouvert et approfondi ma Foi, même que pendant un moment ça a failli basculer, je me demandais où j'en étais, j'avais l'impression qu'on me démolissait tout ce que je croyais depuis toujours, et puis j'ai compris. Mais les gens ne se rendent pas compte, ils s'imaginent qu'avec de la bonne volonté ça suffit, ils n'acceptent pas de se remettre en question, ils veulent retrouver ce qu'ils connaissent déjà, ils ne veulent pas comprendre que les temps ont changé, qu'on ne peut plus *faire passer le message* comme avant, qu'il faut accepter d'être bousculé, interpellé, sans compter ceux qui veulent tout fiche en l'air, qui râlent contre tout, qui veulent une Église de purs, sans rites, ou en inventant leurs rites à eux, il faut quand même un minimum de structures, c'est vrai, quoi, l'Église est incarnée, tu comprends, Gilles, tu comprends, Gilles.

Au début, c'était agréable, presque drôle. Chacun se présentait sous son jour le meilleur, et il aurait fallu vraiment être odieux pour n'en convenir pas. Mais il devint bien vite embarrassant de leur faire au moins pressentir que, par-delà et en deçà de leurs sensibilités et opinions qu'ils croyaient eux-mêmes si contrastées, pour ne pas dire opposées, ils se ressemblaient étrangement.

D'abord ils habitaient la même maison. Dans le quartier moderne, satellite de la ville ancienne, vaste ensemble de pavillons qu'on achète en vingt-cinq ans. La salle de séjour était à droite du vestibule, la cuisine au fond, l'escalier à gauche. Il y avait quatre chambres au premier et l'on pouvait aménager le grenier. Qu'on se soit trouvé chez des nostalgiques du passé ou des frénétiques de l'avenir, on n'avait bientôt plus besoin de demander où se laver les mains. Les toilettes étaient à gauche en entrant.

Et puis surtout leurs soucis étaient les mêmes, le travail avant tout, le train du matin jusqu'à Paris, le métro et le bus ensuite, les horaires extensibles, le train du soir, bondé lui aussi, on avait juste le temps d'embrasser les enfants, de demander s'ils avaient fait les devoirs, de manger en vitesse avant les réunions. Et puis la crainte du chômage, l'éducation des enfants, qui devaient travailler, eux aussi, et encore travailler, il fallait qu'ils fassent de bonnes études, on était prêt à se fendre pour cela, à se sacrifier, mais il fallait qu'ils réussissent, qu'ils décrochent quelque chose, qu'ils deviennent cadres, eux aussi, comme leurs parents et mieux que leurs parents, qu'ils puissent s'installer un jour, avoir la sécurité et tous les outils du bonheur, télé, magnétoscope, chaîne laser, microprocesseur, caméra, lampes halogènes, caméscope, vacances au bout du monde, les mille et une divinités protectrices qui leur permettraient de traverser cette chienne de vie dans ce qu'on nommait ici un minimum de confort. Bien sûr, on faisait tout pour qu'ils aient la Foi, participent à la vie de l'Église, soient conscients des inégalités et injustices qui régnaient sur la terre, et puissent prendre leur part dans la lutte pour un monde meilleur selon le plan d'amour du Christ. Et c'était précisément pour cela qu'on les avait envoyés au caté, aux scouts, à Sainte-Pélagie ou à Stan à Paris. Avec toujours une incertitude car bien souvent ils décrochaient, les jeunes, ils laissaient tomber la pratique et le reste, on se demandait ce qu'on pourrait bien faire.

Tous, tant qu'ils étaient, étaient sincères, dévoués, généreux, engagés. Les femmes ne travaillaient pas, faisaient de la catéchèse, de l'aumônerie, participaient également à des activités laïques, sportives, culturelles, comment trouver à redire? Mais enfin leur demande était la même, bénissez-moi, mon père, comprends-nous, Gilles, conforte-nous dans la bonne opinion que nous voudrions avoir de nous-mêmes, confirme-nous que nous faisons de notre mieux-mieux-mieux, que nous sommes dans les justes, les bons, les élus, les brebis de droite au Jugement dernier, que nous avons raison de penser ce que nous pensons, d'agir comme nous le faisons. Que les autres ne nous comprennent pas, qu'ils ont tort, qu'ils nous empêchent, qu'ils nous encombrent, qu'ils sont moins bons que nous, moins justes, que leurs idées sont rétrogrades, délirantes, que nous sommes les meilleurs, ou du moins les moins mauvais. Rassure-nous, pour que nous puissions nous supporter nous-mêmes, continuer de faire tout ce qu'il faut pour esquiver en nous l'appel secret, profond, à autre chose, à un éveil, un je-ne-sais-quoi implacable qui voudrait nous mettre à bas, nous dépouiller de notre suffisance, nous répéter que nous nous inquiétons et agitons pour beaucoup de choses alors qu'une seule est nécessaire. Rassure-nous, dis-nous que nous avons raison de tant courir, de tant nous remuer, de tant nous donner, d'ailleurs on n'a que ce qu'on donne, n'est-ce pas, c'est bien connu, rassure-nous au nom de ce Dieu que tu représentes et en qui nous croyons, en qui nous voulons croire, nous l'affirmons, nous le redisons, nous le proclamons chaque dimanche à la messe avec l'air pénétré qui convient, c'est important pour nous d'avoir la Foi.

Et dans un premier temps le prêtre bénira, confortera, rassurera, cautionnera. Moyennant quoi il sera admis, apprécié de tous ces braves gens. Ce que fit Gilles.

Avec en prime, de plus en plus fréquent le soir, au moment de la solitude, le sentiment poignant de ne rencontrer que des nains.

DES nains, oui. Des hommes tout petits, sans envergure, sans passion, sans folie, sans liberté, préoccupés maladivement d'eux-mêmes, de *leurs* idées, de *leurs* sentiments, de *leurs* émotions, de ce qui se passait à leurs pieds, précautionneux et apeurés devant la vie, la mort, mais rassurés, conquérants même, lorsqu'ils se retrouvaient entre eux, entre personnes du même bord, du même monde, se réchauffant, se rassurant les uns les autres, farauds *toutes portes closes,* comme les tout premiers disciples. De braves gens au demeurant.

Était-ce un mauvais rêve? Quel point commun pouvait-il y avoir entre tout ce petit monde et ce qu'il avait cherché dès sa jeunesse? Après tant et tant d'ennui au lycée, tant et tant de heurts avec ses parents qui ne comprenaient pas son manque d'intérêt pour les choses sérieuses, il avait commencé sa vie d'adulte dans un bureau d'administration. C'était déjà un peu l'aventure, quelque chose de plus immédiatement satisfaisant que de fastidieuses études. Non que remplir des bordereaux de fiches A.C. (Administration centrale) et de dossiers d'A.M.H. (Aide médicale hospitalière), faire le compte des ressources et des charges et décider de l'aide à accorder ou pas eût été réellement captivant plus de quelques semaines. Mais le fait de vivre à peu près indépendant, de rencontrer des visages nouveaux, des personnes, des destins, était une gourmandise. Le dernier, la dernière des employées végétant dans ces couloirs jaunâtres et surchauffés se révélait un univers à explorer. Et cela, il aimait.

Jusqu'au point, il est vrai, où rester huit heures par jour le derrière sur sa chaise dans un bureau rempli de dossiers, sous la coupe d'un sous-chef se prenant pour le chef, paraissait cher payer le plaisir de sortir de son cocon et d'élargir le cercle de ses relations.

Au moins pouvait-il peaufiner sa culture générale. La journée de travail achevée, il lui restait du temps. Qu'il l'ait voulu ou non, les problèmes religieux le préoccupaient. Les hommes, si proches et si mystérieux, la vie, le monde, la création, le mal, la mort, tout cela avait-il un sens? *Nous autres, ce sont les questions éternelles qui nous tiennent.* Pendant trois ans il avait dévoré tout ce qui lui tombait sous la main, cherchant, sans discrimination *a priori,* dans les romans, les récits, les poèmes, et les légendes, et les essais, une indication, une piste, un début de commencement de réponse à ces questions qu'il ne savait pas formuler mais qui le taraudaient. Il cherchait. Tout le reste était de surcroît.

Mais s'il lui arrivait encore de pénétrer parfois dans une église, de vouloir suivre une messe, il en ressortait meurtri, triste, la rage au ventre sans vraiment comprendre pourquoi. Comme s'il pressentait que la Vérité gisait là, sans doute, mais ligotée, encapuchonnée d'une camisole de rites pétrifiés, et que la foule vénérait ces rites pour eux-mêmes, sans s'ouvrir au Mystère dont ils étaient porteurs, sans se laisser pénétrer, bouleverser par lui, empêchant ainsi que cette Vérité qu'ils signifiaient soit transmise avec efficace. Ainsi, comme le dirait plus tard Sulivan, le moyen devenait obstacle, le signe sensible de la Grâce était réduit à l'état d'idole, dévitalisé, muet.

Reste qu'à cette époque il ne pouvait analyser les choses ainsi, subissant plus qu'il ne les contrôlait ses propres réactions, avançant dans un feu croisé de questions dont il devinait qu'il n'avait encore ni les moyens d'y répondre ni même ceux de les exprimer de façon cohérente. Le Christ demeurait le Mystère central. Qui était-il? Qui avait-il été? Qu'en était-il de l'Évangile? Apportait-il la Vérité dans toute sa splendeur? Rien ne le prouvait. Rien non plus ne prouvait le contraire. Il y avait là des choses magnifiques, exaltantes, qui faisaient chaud au cœur. Mais on y trouvait aussi des enseignements trop durs, des contradictions apparentes, qu'il ne pouvait résoudre. Aimez-vous les uns les autres, bon d'accord, on pouvait au moins y tendre, c'était l'idéal. Mais comment offrir l'autre joue à celui qui en frappait une? C'était contre nature, contre tous les réflexes normaux. Devait-on s'y entraîner à coups de volonté, au risque d'en tirer un orgueil fou, ou viser une impassibilité désincarnée? Comment pouvait-on à la fois haïr ses père et mère pour suivre le Christ, et les honorer pour suivre les commandements de Dieu? Comment aimer ses frères sans aimer le monde ni rien de ce qui est du monde? Dans ce qu'il avait de plus clair l'idéal était beau. Mais idéal, précisément, étrangement peu réaliste pour avoir été prêché par un Dieu devenu homme.

Par ailleurs, le visage des disciples n'avait pas l'air plus convaincant. Dans les églises, ils parlaient de Joie et ils avaient l'air triste. De Liberté, et ils semblaient enchaînés à toute la douleur et tout l'ennui de la terre. De Foi, d'Espérance, et ils avançaient à pas menus, recroquevillés, sans que rien vraiment semble les soulever. De Vie, et de Vie éternelle même, et leurs chants étaient mornes, mornes leurs assemblées frileuses et assoupies.

C'est pourquoi, de bouquin en bouquin, à travers la jungle des pensées, des théories et des révélations réelles ou supposées, il parvint à Gandhi. Par Lanza. De loin d'abord. A dix-sept ans, on ne peut guère que rêver.

Mais vint le jour où, las de rêver sans oser, pris d'une audace folle, et parce que peut-être ceux-là avaient trouvé le moyen de mettre en pratique le fameux « tendre l'autre joue », il écrivit à Lanza del Vasto. Tout s'enchaîna ensuite, avec une espèce de rigueur, de logique interne à quoi il s'abandonna en confiance, jusqu'au jour de l'absurde.

D'abord Lanza répondit. Lui fixa rendez-vous. L'écouta. Ce fut intimidant. Gilles, en réalité, n'avait pas grand-chose à dire avec des mots. Il cherchait, inculte, incompétent, irresponsable, perdu dans son brouillard, ses questions, ne sachant trop que croire, espérer, aimer. Vivant pourtant, intensément, cet étonnant bonheur des tristes dont Luc Dietrich, grand complice de Lanza, lui avait donné la clé. Et il se trouvait là, dans ce salon bourgeois d'un quartier chic, tremblant de tous ses membres devant la figure imposante, sculpturale, du Pèlerin, beau masque de prophète à l'ancienne manière, sincère et comédien à la fois, assez fou et orgueilleux pour fonder une « Arche » envers et contre tout, où seraient recueillis ceux qui voulaient échapper au déluge atomique, assez humble aussi, pour écouter très gentiment un gamin inquiet.

Ce fut le déclic. Gilles était libre. Il avait du temps devant lui, et un peu d'argent de côté. En Inde les disciples de Gandhi vivaient une expérience étonnante. Que pouvait-il faire de mieux que d'aller voir là-bas si sa vie y était? Il partit donc, avec un sac à dos plein de bouquins, une peur panique au ventre, une espérance folle aussi, bien que sans objet très précis. Il partit à la recherche d'il ne savait trop quoi, un autre chose, un ailleurs. Il y avait la non-violence, bien sûr, mais l'aventure aussi, beaucoup, la découverte, des pays fabuleux où l'on n'allait guère à l'époque, lorsqu'on était né en région parisienne, qu'on avait vécu porte de la Chapelle. Il se vit, effrayé de sa propre audace, arpenter Florence et Rome en triomphateur, sécher des heures au bord des routes, attraper coup de soleil sur coup de soleil, manger des fruits et de la *porchetta.* Il se vit attendre, au petit matin, au milieu de onze cars de pèlerins, l'ouverture des portes de l'église où célébrait le Padre Pio, s'attrister, là encore, de cette ruée de la foule, hermétique au Mystère, fascinée par les seuls stigmates qu'on pouvait voir, tout rouges, au moment de l'élévation. Mais qu'étaient les stigmates à côté du pain et du vin devenus, disait-on, corps et sang du Christ? Comme il devait souffrir, ce malheureux vieillard, devant ces hystériques avides de miraculeux palpable, de sensationnel! Décidément Gilles préférait Assise, la ville rose et blanche, noyée d'oiseaux et de fleurs, inondée de soleil couchant, où il avait passé trois jours comme en suspens, à moitié schizo, déconnecté du monde, délirant de tant d'harmonie. Et puis la vie lui avait donné l'Eremo.

Petit monastère de femmes, un endroit très discret, avait dit Lanza, l'initiatrice est morte, elle était très ouverte à l'Orient, elle avait rencontré Gandhi, je ne sais trop ce qu'il en est maintenant, mais je crois que ce lieu peut vous plaire. Quelques semaines plus tard, Gilles s'était échiné à gravir un chemin à chèvres vertical au milieu d'olivaies en terrasses, suant et soufflant sous la pluie, se demandant finalement ce qu'il allait faire dans cette galère. Si la recommandation de Lanza lui avait fait augurer une découverte intéressante, la perspective de rencontrer des religieuses ne l'inspirait plus guère. Des bonnes sœurs, il y en avait dans son village quand il était enfant. Il se souvenait de grands oiseaux noirs aux visages pâles, et il n'était pas sûr d'avoir envie d'en revoir de plus près.

Mais lorsque le portail se fut ouvert, lorsqu'on lui eut offert de l'eau et des sourires, lorsqu'on lui eut montré sa cellule impeccable, lorsqu'il se fut laissé pénétrer de ce silence, envahir du parfum des fleurs et du maquis, il lui sembla que retombait tout le poids de son bruit, de son agitation, de sa folle recherche, il se coula dans l'émotion douce, savoura cet étrange, inattendu bonheur d'être accueilli comme un frère, un enfant, un ami, et n'eut soudain aucune envie de s'en aller.

En quelques jours il apprit l'essentiel. L'Eremo avait été créé quarante ans plus tôt par une religieuse franciscaine relevée de ses vœux en vue de cette création. On y priait sans chichi, unis à des amis du monde entier, de quelque origine qu'ils fussent. La fondatrice correspondait avec Gandhi, Albert Schweitzer, elle était ouverte aux joies et aux douleurs de la création tout entière, et chacun de ceux qui sonnaient au portail était reçu comme envoyé de Dieu. On ne s'y sentait ni jaugé ni jugé, on était là, dans le silence, et la présence, et le Mystère. Suspendu à cette colline, à mi-route entre terre et ciel, l'Eremo était à la fois l'autel et l'offrande, recueillait, concentrait, condensait la prière du monde, et la faisait monter, inlassablement, vers l'Au-delà de tout.

De par son origine, la responsable était ouverte au monde juif. De par son cheminement, une autre l'était à celui de l'Orient. Toutes deux avaient vécu en terre d'islam et y étaient sensibles. Gilles se sentit chez lui, impression toute nouvelle, il pressentit que l'histoire ne s'arrêterait pas là, sans oser croire pourtant que jusqu'au bout l'Eremo porterait sa recherche. Après quelques jours, il repartit, porteur de quelques images, de quelques prières, d'une miche de pain, d'un bouquet d'herbes parfumées, et de trois roupies pour la route.

Pas vraiment dégourdi, pas vraiment aventureux, pas vraiment entreprenant, timide à l'excès, il avalait les kilomètres, en stop, en bus, en bateau, un coup d'œil à Éphèse, un à Pamukkale, quelques heures à Alep, à Palmyre, à Pétra, partagé sans cesse entre le désir de traîner, de goûter, de rêver, de cultiver l'émotion, l'esthétique, et le besoin irrépressible d'avancer, d'aller plus loin, toujours plus loin, vers de nouveaux horizons, de nouveaux visages, de nouvelles rencontres, boulimique au dernier degré, la bride sur le cou, en cavale, en extase, en bonheur. Tout de même, un beau matin à Bassora, du côté de chez Sindbad le marin, il avait fini par embarquer sur un bateau indien, seul Européen au milieu de gens venus de tous les émirats, discutant à perte de vue, lui qui n'aimait pas discuter, avec tous ces braves types pour qui l'exotique, c'était lui. C'est ainsi qu'un Sikh en caleçon à fleurs (c'était rare à l'époque) lui avait fait raconter par le menu l'histoire de France (Louis the fourteenth, before or after Neupolionne?), lui donnant, du même coup, ses premières vraies leçons d'anglais, et quel anglais! Aux heures les plus chaudes, alors que tous faisaient la sieste, Gilles allait se percher à la proue, juste au-dessus du vide, face au désert liquide, guettant les poissons-volants et, parfois, les requins.

Et puis en Inde, il s'était retrouvé chez lui. Il avait d'abord séjourné à Sevagram, travaillant à la ferme, lisant, écoutant, s'instruisant. Ramdas Gandhi, le dernier fils du Mahatma, un vieux monsieur très distingué, était toujours prêt à répondre aux questions, et chaque soir, l'ashram tout entier, rassemblé devant l'arbre planté par

Bapou, priait longuement dans la nuit. Tant de simplicité, tant de ferveur sans mélo, tant de poésie qui s'ignorait, que Gilles se sentait envahi, possédé, absorbé par ces chants et par ces rites, communiant par le dehors et le dedans, étranger toujours plus au monde des gens pressés et hargneux qu'il avait laissé derrière lui. Bien sûr c'était un peu artificiel, sans lendemain. Mais il avait vingt ans.

Cela dit, Sevagram était surtout un lieu de pèlerinage où l'on perpétuait des souvenirs. La vraie vie était ailleurs, autour de Vinoba. Il était, lui, l'héritier de Gandhi, le prophète qui allait à pied de village en village pour prêcher le partage des terres. Car la terre est à tout le monde, disait-il, elle est comme l'air, comme l'eau, on n'a pas le droit d'en posséder plus que nécessaire, chacun a le droit de vivre, de cultiver ce dont il a besoin. Et telle était sa flamme, et telle était sa Foi, qu'il avait recueilli, en quelques années, l'équivalent de la moitié de la surface de la France, ce qui, même en Inde, n'était pas rien. Et des villages par milliers s'étaient engagés dans l'idéal du *Gramdan,* avaient accepté de fournir à chacun, en échange de son travail, ce qui lui était indispensable pour loger, nourrir et vêtir sa famille. Les trois besoins fondamentaux satisfaits, on y verrait plus clair pour s'engager vers d'autres développements.

Car tout le secret était là, disaient Gandhi et Vinoba. Vous n'avez pas d'abord besoin d'avoir.

Vous avez besoin d'être. Que vos désirs se réduisent à vos besoins essentiels et pour le reste, soyez libres. Car vous êtes d'abord enfants de Dieu, princes, souverains sur la terre, ce que vous êtes est infiniment plus que ce que vous pourriez rêver d'avoir. Qu'avez-vous à vous tuer pour amasser, entasser ce qui est périssable, argent, confort, plaisirs, lorsque vos frères crèvent de faim? Et même s'ils ne crevaient pas de faim, vous êtes plus grands que vos désirs, vous êtes plus grands que vos peurs aussi, qui sont l'envers de vos désirs, ne vous gaspillez pas, ne vous vendez pas, ne vous rendez pas esclaves de ce qui ne vous vaut pas.

C'était tout simple. Et Gilles passait de longs moments dans la pièce où vivait Vinoba, au milieu des autres disciples vêtus de blanc, du tissu de coton qu'ils filaient eux-mêmes, puisque la première des libérations consistait à se suffire à soi-même, à pouvoir créer de ses mains ce qui servait sa vie. Des gens allaient, venaient, Vinoba recevait chacun, ministre ou mendiant, hippie ou moine errant. Il mangeait, il buvait, il dormait en public, cet homme qui souriait n'avait aucune vie privée. Il était totalement donné, totalement libre, avec un regard et un rire d'enfant. Les matins commençaient avant le jour, tout le monde était rassemblé et filait, le silence de l'aube troublé par le seul chant du rouet. Les soirs s'achevaient en priant des mélopées aigrelettes sous le ciel nu, et des étoiles en gerbes, au-dessus, ruisselaient. On ne voyait personne courir ou s'affoler, on n'entendait pas de cris ou de disputes, une douceur de soie émanait de la terre, enrobait les êtres. Gilles absorbait cela par tous les pores, il ne cherchait pas à analyser, ce n'était pas vraiment son talent, mais il vivait cela, le comprenait en lui, le prenait avec lui, le connaissait par sa chair et son souffle, naissait avec, intensément. Sans doute y avait-il beaucoup de romantisme et d'exotisme dans ce qu'il vivait là, et lui-même en avait l'intuition par bouffées. Mais encore avait-il fallu prendre son sac et venir jusque-là. Demain s'occuperait de lui-même, en attendant le passé était mort, l'avenir n'existait pas, à chaque jour suffit sa peine, à chaque jour suffit sa joie.

Le Conseil pastoral était la conscience vivante de la communauté. C'était l'évêque qui l'avait dit. Aussi la paroisse de Gilles avait-elle mis sur pied cette nouvelle instance.

Cela avait lieu à peu près toutes les six semaines. Étaient présents, bien sûr, les prêtres, membres de droit. Les délégués des différents mouvements, Secours catholique, Comité catholique contre la Faim et pour le Développement, Action catholique générale féminine, Conférence Saint-Vincent-de-Paul, Vie montante, Scouts, Aumônerie de l'Enseignement public, École Sainte-Pélagie, groupes de prière et de spiritualité, chorale, groupes de réflexion, représentants élus des assemblées dominicales (messes du dimanche). Et immigrés.

Ils avaient essayé plusieurs formules. Mandats de deux ou trois ans, reconductibles ou pas. Les élections avaient lieu au cours des messes, cela faisait sauter le sermon. Les candidats avaient affiché leur photo et quelques propositions. La question était souvent d'en avoir suffisamment, de candidats, pour justifier les élections. Car il en fallait au moins un de plus que le nombre requis et cela ne se produisait pas si souvent.

Ils étaient donc là, une vingtaine, dans la salle aux lumières froides, derrière des tables d'écolier. On avait bien tenté de les supprimer, ces fameuses tables, pour favoriser le rapprochement des uns et des autres, créer une atmosphère plus humaine, plus détendue, moins conseil d'administration. Mais ce cercle de gens assis autour du vide n'avait pas été beaucoup plus convaincant, ils éprouvaient un malaise diffus, ne savaient pas où mettre leurs bras, leurs jambes. Sans compter qu'il devenait acrobatique de prendre des notes. On était donc revenus aux tables d'écolier, pour le soulagement de tous.

Ils commençaient par prier. Leurs visages se penchaient, un peu sérieux, un peu tristes, un peu fermés, comme à la messe, sauf ceux des charismatiques qui souriaient aux anges d'un air entendu. Quelqu'un lisait une prière, un passage d'Évangile, on entonnait un chant, un psaume, on plongeait dans le recueillement, pendant que les retardataires s'installaient avec le bruit qu'on fait pour ne pas faire de bruit. Et tout restait en silence jusqu'à ce que le silence pèse trop.

Quelques toussotements, quelques soupirs, on passait à l'ordre du jour. Il tournait autour de la vie paroissiale, la liturgie, l'accueil, la présence au monde... L'évêque insistait sur ce point, le vicaire épiscopal tenait à le rappeler, l'Église était missionnaire, chaque paroisse était missionnaire, devait avoir le souci de tous les hommes et de la vie de la cité. Il était nécessaire que tous les chrétiens se fissent entendre, que la visibilité de l'Église fût manifestée. Il avait raison, l'évêque, c'était clair, tout le monde était bien d'accord, approuvait du regard, d'ailleurs c'était dans Vatican II, alors...

Alors se posaient les questions. Comment assurer des liturgies vivantes et accueillantes, comment faire connaître la vie des chrétiens, parler aux hommes d'aujourd'hui dans le monde d'aujourd'hui, comment préparer l'avenir et comment attirer les jeunes?

On avait établi des commissions sur ces thèmes et chacune présentait un compte rendu de ses travaux, soulevait des questions, lançait des propositions, soulignait le manque de motivation des gens, la difficulté de trouver des bonnes volontés, l'absentéisme aux réunions, c'était grave, il aurait fallu faire ceci, on aurait dû faire cela.

Mais attention, précisait alors le vicaire épiscopal. Il ne s'agissait pas que les membres du Conseil fissent le travail eux-mêmes. Leur rôle était de réfléchir, de repérer les besoins, de dégager les priorités, de susciter des vocations pour y répondre, de sensibiliser les gens, de donner des pistes, de conscientiser la paroisse. Méfions-nous, disait-il, ne nous laissons pas aller, par bonne volonté, parce qu'on ne trouve personne, à nous engager dans trop de choses, ce n'est pas notre mission, cela dit, avançons.

On avançait donc. Gilles notait toutefois qu'une des difficultés majeures de ces réunions était que beaucoup savaient d'avance ce qu'ils croyaient ou ne croyaient pas, ce qu'ils acceptaient ou ce qu'ils refusaient, ce qui leur plaisait ou pas. Et qu'ils n'étaient jamais prêts à changer d'avis.

Il y avait ceux qui avaient accepté de participer au Conseil parce qu'on leur avait dit et redit que c'était nécessaire. Ils représentaient tel ou tel mouvement dont ils faisaient partie depuis longtemps quand ils n'en étaient pas la cheville ouvrière. Ils en connaissaient la valeur et les limites, les difficultés et les espérances. Ils comprenaient bien qu'il devait être représenté au Conseil, mais, à tout prendre, cela impliquait des réunions supplémentaires et le risque de voir une instance nouvelle s'immiscer dans leur affaire, prudence! Ceux-là avaient du mal à saisir la finalité de la chose, après tout n'avait-on pas toujours fonctionné sans que cela existe?

Il y avait ceux qui, dès l'abord, avaient voulu appartenir au C.P. Pour faire avancer les choses. Pour faire bouger une paroisse qui se sclérosait, qui ronronnait, il fallait tout de même faire quelque chose! Ceux-là étaient les jeunes loups, ils avaient fait des études, ils étaient cadres, ils avaient appartenu en d'autres temps et en d'autres lieux à d'autres groupes et à d'autres mouvements. On sentait bien que c'était le bon temps, que ça marchait, que c'était autre chose que ce qu'on vivait ici. Ils avaient suivi des sessions de réflexion, de théologie, se voulaient d'avant-garde sans en avoir l'air, généralement ils votaient à gauche.

Plus rares les bons élèves, les militants qui suivaient pas à pas les formations proposées par le diocèse, et s'ouvraient aux problèmes d'ecclésiologie. Ceux-là parlaient le langage de l'église locale, savaient peser le pour et le contre en toutes choses, travailler patiemment à trouver un juste équilibre entre les tendances extrêmes. Plus rares, oui, trop rares, ils parlaient peu, ce qu'ils disaient était sensé, ils pouvaient dépasser leur propre sensibilité, s'effacer quand il le fallait, ne pas se taire quand il ne le fallait pas, ils étaient appliqués, le clergé leur faisait confiance.

Mais, plus profondément, il y avait les anciens et les modernes. Les premiers, qui voyaient avec inquiétude l'évolution de l'Église, la raréfaction des prêtres, leur transformation en ces hommes pressés et agités, partagés entre mille réunions et rencontres, qui n'avaient plus le temps de rien. Et qui se mettaient entre les mains de gauchistes qui voulaient les remplacer, prendre le pouvoir pour eux. Ceux-là étaient à l'école libre, aux Scouts d'Europe, leurs épouses faisaient de la catéchèse et avaient bien du mal à suivre les acrobaties qu'on voulait leur faire exécuter pour parler de Jésus aux enfants.

Et les modernes, qui depuis longtemps avaient renversé totems et tabous, qui d'office tutoyaient le prêtre avec un rien de condescendance amicale, qui aspiraient à une Église dépouillée de ses vieux oripeaux et de la dictature du clergé, où les laïcs auraient enfin des responsabilités, en attendant qu'on s'aperçoive enfin que le sacerdoce des laïcs, cela existe aussi, et que chaque communauté puisse choisir ses pasteurs, mariés ou non, construire sa propre liturgie et mettre au rancart des habitudes d'un autre âge. Ceux-là parlaient au nom de tous ceux qui ne se sentaient pas à l'aise dans l'Église telle qu'elle était, qui constituaient des petits groupes informels où chacun était accueilli, et qui auraient bien voulu faire entendre leur voix.

Tous, tant qu'ils étaient, tombaient assez facilement d'accord sur les grands principes, les grandes lignes, les grandes questions, les grands besoins. Il fallait être accueillant. Il fallait une Église vivante. Il fallait être présent au monde, missionnaire. Tous étaient de bonne volonté, cela se voyait, cela s'entendait.

Mais tous aussi éprouvaient l'ennui. Ces réunions étaient lourdes, interminables. Passé l'euphorie du début, de la mise en place du Conseil, les rencontres devenaient pesantes. Les participants s'étaient repérés, avaient pris leurs marques, on savait d'avance qui allait dire quoi. Et chaque proposition était passée au crible, amendée et réamendée pour que chacun y trouve son compte, pour que chaque sensibilité, voire chaque susceptibilité, soit respectée.

Sous l'éclairage impersonnel les corps se tassaient, les visages se fermaient, les regards se vidaient. Certains avaient les bras croisés, d'autres crayonnaient on ne savait trop quoi et sans doute eux non plus. L'intervenant était long, quelques-uns écoutaient, c'était, de toute façon, un peu toujours les mêmes qui monopolisaient la parole, les échanges se faisaient entre eux, même si quelqu'un était spécialement chargé de faire en sorte que chacun puisse s'exprimer, tout en respectant l'ordre du jour et les temps de parole.

Sur la fin, cela s'accélérait bizarrement, car l'ensemble était d'accord sur le fait que tout devait s'achever à 22 h 15, comme ils disaient, après cela l'Esprit-Saint ne soufflait plus et Gilles avait horreur de cette familiarité. Mais il y avait toujours une ou deux questions en suspens, des annonces importantes qu'on débitait au galop, des rendez-vous à prendre, des dates à fixer, chacun sortait son agenda, il était long de trouver le jour qui convenait à tous, un brouhaha s'élevait, le secrétaire de séance avait bien du mal à se faire entendre. Finalement on tombait d'accord, par miracle, par lassitude, pour aller plus vite, on terminait par une prière, le silence s'établissait, les têtes se penchaient, menton sur poitrine, d'un ton pénétré on récitait la-prière-du-Seigneur, Amen.

Cela dit tout le monde se réveillait et se levait, l'ambiance se détendait d'un coup, de petits groupes naissaient, les voix montaient, les rires, la fatigue s'envolait. Cela pouvait durer encore une bonne demi-heure, ils étaient enfin à l'aise, chacun parlant de ce qu'il voulait avec ceux qu'il voulait, c'était visiblement le meilleur moment de la soirée, ils n'avaient plus tellement envie de partir.

Ce qui était étonnant, c'était que toutes les fois qu'ils avaient prévu de prendre un verre après la réunion, cela n'avait pas donné grand-chose. Plusieurs s'ingéniaient à préparer des nappes en papier, des gobelets, des gâteaux, des jus de fruits. Mais il y avait toujours un temps de gêne manifeste, chacun se sentant obligé de rester, de parler avec qui il n'avait pas envie, n'osant pas se précipiter d'emblée sur ses complices. Du coup, on partait plus tôt.

Et lorsqu'on les revoyait ailleurs, chez eux ou dans la rue, on les découvrait à nouveau tous d'accord sur le fait que ces réunions étaient pénibles, que c'était la faute des autres, de ceux qui étaient trop à gauche, trop à droite, de ceux qui parlaient trop, de ceux qui ne disaient rien, de ceux qui étaient trop compliqués, de ceux qui étaient simplistes, de ceux qui étaient trop cérébraux, de ceux qui étaient trop spirituels, de ceux qui voulaient toujours avoir raison, de ceux qui ne savaient pas ce qu'ils voulaient, de ceux qui ne savaient pas animer, de ceux qui étaient trop directifs, bref, il fallait faire quelque chose, mais ce n'était pas facile, allez, quoi faire d'ailleurs, on se demandait, et pourtant il aurait fallu...

Il est vrai que le Conseil pastoral était la conscience vivante de la communauté. L'évêque lui-même l'avait dit. Il avait raison, sûrement. Et ce n'était pas sa faute si l'Église était incarnée, lourde de chair humaine et de peurs. Gilles pensait souvent que ce n'était pas non plus de sa faute à lui.

« Reste en Inde, avait dit un jour Vinoba, les yeux brillants, riant de toute son absence de dents. Reste en Inde. Reste avec nous. Tu y crois. Comme nous tu n'es pas attaché au résultat. Notre rôle, ici, est de semer, de planter ce que nous croyons être les semences du Royaume de Paix. Peu nous importe de les voir germer. Autre est le semeur, autre celui qui récolte! »

Gilles n'avait pas osé. Le monde était trop beau, trop vaste, l'Inde elle-même. Avant de décider quoi que ce fût, il avait soif de voir, de découvrir, encore et toujours, de nouveaux paysages, de nouveaux visages. Et puis il y avait l'Évangile, l'Église, une vision des choses totalement opposée à celle de l'Inde. Celle-ci poussait à se libérer de toute attache au monde sensible en quoi elle ne voyait qu'illusion, rêve condensé. Le but était de s'évader, de se fondre dans un Dieu sans nom et sans visage. Alors que le christianisme annonçait un Dieu créateur, fou amoureux de sa créature toute petite, s'incarnant pour s'unir à elle et transfigurer le monde. Religion de l'Incarnation face à la religion de la désincarnation, la question était capitale, pouvait-il en faire abstraction? Il reprit son balluchon, descendit chez Abhis, plus curieux qu'autre chose. Un curé catholique, français, breton, même moine, ce n'était pas vraiment ce qu'il était venu chercher si loin.

Et puis le bonhomme l'avait conquis. Le bonhomme et tout le reste, bien sûr, le bois de cocotiers, le fleuve immense, les bancs de sable avec un oiseau blanc dessus, sur une patte. Les lucioles, le tintamarre des grillons, la hutte minuscule et son toit de feuillage où remuaient des bêtes mystérieuses, tout cela et l'ermite au milieu, souriant, volubile, vingt ans de monastère en Bretagne avant d'avoir pu rejoindre son rêve, l'Inde, la recherche renouvelée, l'ombre de Ramana. Il avait vécu quelques années en communauté avec Montchanin et errait, depuis la mort de ce dernier, ermite dans l'Himalaya la plupart du temps, descendant au Shantivanam deux ou trois mois par an pour recevoir des visiteurs de l'étranger.

Un *cavi* ocre sur les reins, un châle sur les épaules, une peau blanche, désespérément, au milieu de tous ces gens chocolat. Gilles avait raconté, tant bien que mal, ses rencontres, sa recherche, ce je-ne-sais-quoi à l'intérieur de lui qui le poussait, qui le tirait, malgré sa timidité, qui l'avait propulsé jusque-là, cette inquiétude, cette envie, ce besoin de voir et de toucher il ne savait trop quoi. Il cherchait autre chose et ailleurs, impossible d'en dire plus, cela résumait tout, c'était pauvre, il n'était pas un sage ou un savant, que cherchait-il? On pouvait dire le Christ, on pouvait dire Dieu, c'était facile, mais Dieu existait-il en dehors de la certitude des croyants? Abhis écoutait beaucoup, recevait beaucoup, parlait peu, en ces instants. Ils allaient à travers le bois de cocotiers ou au milieu du fleuve, sur un banc de sable, à la place des oiseaux, Abhis et son *cavi* ocre, Gilles et son *longi* blanc, ils parlaient, ils se taisaient, quelque chose naissait des mots et du silence.

Ou encore le soir, après la prière, la méditation, dans l'étonnante chapelle rouge en forme de temple hindou, on s'asseyait par terre dans la pénombre éclairée d'une seule lampe à huile. Abhis avait l'air d'y trouver son compte, Gilles se bornait à attendre, en suspens, ni heureux ni malheureux, un gémissement au cœur de lui, cela durait un bon moment. Et puis ils ressortaient tous deux de ce trou noir, se trouvaient emportés dans le bois par le vacarme des grillons, le jaillissement des lucioles, et les arbres dansaient sur fond de ciel, et la lune envahissait tout, un souffle doux glissait autour d'eux, soyeux, la splendeur du décor enivrait Gilles, il nageait en plein lyrisme, en plein romantisme, et alors?

« C'est simple, Gilles, avait fini par dire l'ermite. Tout ce qui n'est pas Dieu vous ennuie. Et

Dieu, vous ne l'avez pas rencontré. Continuez. Il finira par se révéler. A son heure. Ce sera une main qui se posera doucement sur votre épaule ou le fracas d'une fanfare, peu importe, l'éveil viendra. Ce sera dans un mois ou le jour de votre mort, peu importe. Cherchez. »

« Vous avez de l'intuition, disait-il encore, vous cherchez à voir, à rencontrer des saints. Vous avez raison. C'est à travers eux que Dieu s'exprime le mieux. Mais vous savez, des saints, il y en a autant en Occident chrétien qu'en Inde hindoue. Cherchez. Ils sont cachés. Méfiez-vous de ceux qui font du bruit ou autour de qui on fait du bruit. Dans ce domaine, les meilleurs se cachent et cachent ce qu'ils ont de meilleur. Continuez. Cherchez. »

Il est certain qu'Abhis, le père Henri Le Saux, alias Abhishiktananda, c'est-à-dire « Celui qui est dans la béatitude de l'Oint du Seigneur », dit Abhis depuis que Sulivan en avait fait le sujet d'un récit, dit Swami-ji pour les amis, il est certain qu'Abhis n'avait peut-être pas réalisé sur le moment que de telles paroles auraient pu s'appliquer à beaucoup. Des kyrielles de convertis de toutes couleurs et de toutes robes avaient déjà vécu cela. A commencer par saint Augustin et son fameux : « Tu nous as faits pour toi, Seigneur, et notre cœur est sans repos tant qu'il ne repose en Toi. »

Mais Gilles ne connaissait pas saint Augustin. Aussi était-il sans repos, dans l'errance. Ce très bref contact avec l'Inde lui avait finalement donné à penser que l'évasion n'était pas son truc. Il ne se voyait pas *saddhou* errant, vêtu d'air et de cendres. Le côté « seul avec le Seul » ne le tentait qu'aux moments de fatigue. Bien plutôt il aurait voulu apprendre à aimer concrètement, simplement, sans fioritures ni choix préférentiels, ceux que la vie lui enverrait. Aussi lui semblait-il que la Parole du Christ était la voie la plus sûre. Abhis lui-même, si fasciné ait-il été par son Advaita Vedanta bien-aimé, l'avait conforté dans ce sens : « L'hindou est seul. Seul devant l'Absolu, devant Brahman, devant Cela qui est au-delà de tout. Le but de sa vie est d'échapper au cycle infernal des réincarnations, à la Maya, l'illusion. Personne ne peut le faire à la place de personne. C'est pourquoi aider celui qui souffre ne fait que repousser le problème, retarder l'échéance : celui qui doit expier ses fautes antérieures devra les expier plus tard si on le secourt aujourd'hui. Ramakrisna, Gandhi n'ont ouvert les yeux sur les autres qu'à la lumière de l'Évangile. Mais par rapport à l'hindouisme classique, ils sont plus ou moins hérétiques. »

Simplement la question restait entière. Si Dieu existait, il était peut-être celui du Christ. Gilles était prêt à le croire. Sans doute, secrètement, d'une manière cachée même à lui, désirait-il de toutes ses tripes adhérer à l'Évangile. Manquait encore à cette époque ce je-ne-sais-quoi qui fait toute la différence entre le Désir et la Foi.

IL avait donc bien fallu s'en aller, quitter l'Inde, redescendre sur terre, s'arracher à son rêve. Il avait traversé l'Afghanistan, l'Iran, le Liban, de l'émerveillement plein le cœur, accueilli partout comme on n'accueillait pas en France, tous les hommes étaient frères, cela se touchait du doigt, il aimait ces pays où l'hôte était toujours le bienvenu, il se laissait porter, guider par le hasard, confiant en la vie, et la vie répondait. Et il était passé en Israël, avançant toujours plus au sud, car il voulait marcher dans le désert, aller à pied au Sinaï, c'était plus fort que lui, un rêve d'enfant.

Mais la vie en avait décidé autrement. A Eilat une lettre attendait. Son père était mort quelques semaines auparavant, après des mois de maladie. Ses parents s'étaient tus pendant tout ce temps-là, car ils ne voulaient pas l'empêcher de vivre son exploit, et d'ailleurs, ça aurait changé quoi? En quelques jours, il était revenu des bords de la mer Rouge à son bureau d'administration. Les gens avaient été gentils, ils avaient dit qu'ils comprenaient, tout était comme avant, il était assommé quand même, un sentiment d'échec au fond de la gorge, il se sentait coupable, tout ce qu'il avait vécu de bonheur, tout ce qu'il avait vécu de beauté s'était payé par cette odeur sinistre de maladie, de mort, que ses parents avaient gardée pour eux.

Des mois avaient passé. Il était resté inerte. Il avait vécu avec sa mère, pour l'aider, pensait-il, à récupérer, sans véritablement savoir si c'était bon pour elle, pour lui, sans vraiment s'en préoccuper. Il avait pris en grippe son odyssée, cherchait à oublier ces rencontres, ces visions qui revenaient en rêve. A l'armée il avait joué à Lawrence d'Arabie, cherchant à se noyer dans un règlement imbécile, mécanique, sans responsabilités, sans intérêt non plus. Lourd ennui, là encore, mais il était là pour ça. Au milieu des autres il faisait figure d'intello, il avait une place, il avait vu des choses qu'ils ne connaissaient pas, il en parlait avec discrétion.

Au retour, il tenta bien de faire la même chose dans un de ces sempiternels bureaux. Mais le cœur n'y était plus. Une fille ou deux l'avaient bien sorti un peu de cette léthargie. Sans lendemain. Très vite, il les inquiétait. Elles sentaient bien qu'il n'était pas vraiment intéressé.

Tout de même, il était resté en rapport avec l'Eremo et avec Abhis. Des lettres s'échangeaient, qui lui faisaient plaisir et douleur en même temps. Qu'y avait-il de commun entre ces lieux, ces êtres, et la vie qu'il menait? Sans doute avait-il franchi une clôture, gambadé comme un jeune chien dans un jardin qui n'était pas le sien. Mais la vie l'avait remis à la niche. Tout cela s'était payé trop cher.

Jusqu'au jour où une lettre lui parla de la visite qu'avait rendue à l'Eremo l'abbé H. Il semblait y avoir fait forte impression. Passionné de spiritualité, passionné par l'Inde, il animait une maison de prière, des semaines d'initiation à l'oraison, il me semble, Gilles qu'une rencontre serait intéressante. Gilles ajournait. Il n'avait pas trop envie de rencontrer un curé de plus. Et puis sa mère était malade, il attendrait qu'elle soit remise, si toutefois elle devait s'en remettre.

Il finit par se décider, prit rendez-vous d'abord avec Martine. Disciple de l'abbé, elle était passée, elle aussi, à l'Eremo, avec d'autres amies. Il savait qu'elle terminait sa médecine et qu'elle animait une école de prière à Paris. Et il se retrouva rue du Cherche-Midi avec plus de curiosité que de désir réel. Des militantes catholiques, il en avait déjà rencontré. Trop souvent leurs cheveux ternes, leurs lunettes, leurs boutons, leurs bourrelets ou le désert que laissait pressentir leur corsage, tout cela lui avait donné le sentiment qu'elles s'abritaient dans la religion pour esquiver leurs vrais problèmes. Bref, il n'avait pas, jusqu'à ce jour, été séduit.

Et puis on venait de le prévenir que sa mère-grand avait été hospitalisée d'urgence pour quelque chose qui sentait le cancer. Deux jours après que sa mère eut recommencé de mener une vie normale, cela faisait beaucoup en peu de temps. Aussi est-ce suant, soufflant, pestant et renâclant qu'il sonna chez Martine, et guère porté à la piété.

Il ressentit pourtant une étrange émotion, au moment où la porte s'ouvrit, un bizarre pincement au cœur, le même, exactement, qu'il avait éprouvé en entrant à l'Eremo, puis au Shantivanam plusieurs années auparavant. Sa colère fondit, comme alors, quand il se demandait ce qu'il venait bien fabriquer chez ces bonnes sœurs ou chez ce curé-là. Et la porte s'ouvrit donc, une porte de bois verni, neutre, sans caractère aucun, sur une fille dégourdie et souriante, sans lunettes, sans boutons, avec ce qu'il fallait là où il le fallait, c'était déjà un bon point. Comme il était pressé d'aller voir mère-grand, il accepta, sans trop savoir ce qu'il faisait, de suivre la future session d'école de prière, et s'en alla au bout de cinq minutes. Il l'ignorait encore, mais le mal était fait.

Car il revint, finalement, à cette fameuse école. Cela se passait le jeudi soir, sept semaines de suite. Il y avait là une douzaine de personnes et trois animatrices, dans une petite pièce ornée d'une icône représentant trois anges. Tout était impeccablement structuré. Chaque soirée se décomposait en trois parties. Au cours d'une première demi-heure, les animatrices faisaient chacune un très bref exposé, l'un sur l'art et la science de la prière, l'autre sur la participation du corps, le troisième étant une lecture spirituelle de telle ou telle page de l'Évangile. Au cours de la seconde demi-heure, les participants échangeaient impressions, questions et expériences, car ils s'étaient engagés tous à prier chaque jour pendant un quart d'heure, et avec la vie que l'on menait, c'était toute une aventure. Et enfin, pendant une dernière demi-heure, chacun se taisait et priait, tourné vers l'icône, dans un grand silence impressionnant.

Que s'était-il passé? D'abord, tout s'était ligué pour le faire arriver à ces réunions dans les pires dispositions qui soient. Des soucis de travail, les visites à la clinique, l'incertitude quant à la santé de la grand-mère qui avait fait une hémiplégie la veille de la date prévue pour l'opération, quelques apéritifs mal placés et la course systématique pour arriver à l'heure, oui, tout s'était ligué pour distraire son attention. Et puis il n'aimait pas trop se retrouver en chaussettes dans le salon de quelqu'un d'autre après une journée de travail et de piétinements, c'est bête mais c'est comme ça.

Mais il y avait le sourire et l'accueil. Les trois filles, qu'il jugeait plus jeunes que lui, avaient l'air normal, ni coincées, ni réfugiées, ni militantes-racoleuses. Elles avaient une manière touchante de parler de Dieu, du Christ, de la prière. Il y avait là-dedans un mélange harmonieux de ferveur et de pudeur. De ferveur, parce qu'on voyait bien qu'elles ne récitaient pas une leçon apprise par cœur mais que le peu qu'elles disaient, même au moyen de mots usagés et peut-être agencés par d'autres, venait de très loin, de très profond au-dedans d'elles. De pudeur, parce que, même si elles ne pouvaient visiblement pas ne pas parler de cela qu'elles aimaient et vivaient, c'était trop personnel, précisément, trop intime, pour qu'elles n'éprouvent pas un peu de gêne à l'exposer ainsi devant des inconnus. C'était bonheur que de les voir et de les entendre, de partager un peu de leur mystère, de recevoir précieusement ce qui était précieux pour elles, cette joie simple de se croire aimées, qu'elles communiquaient peut-être plus encore à leur insu que grâce à leurs efforts. C'était bonheur que de voir deux religieuses d'un âge certain boire les paroles et les gestes de ces trois étudiantes, alors qu'on eût pu croire qu'elles savaient déjà parfaitement tout cela. C'était bonheur que de se retrouver ensuite en silence devant cette étonnante icône, ces trois anges de lumière inscrits dans un cercle et dans un triangle, sereins et graves à la fois, vision d'ailleurs, vision de l'au-delà, irradiant doucement dans cette pièce obscure où une douzaine d'êtres humains en chaussettes s'essayaient laborieusement à sortir un peu d'eux-mêmes pour s'ouvrir au Mystère, le temps paraissait court et précieux, Gilles était sous le charme.

L'appartement était ouvert chaque mercredi entre 19 et 22 heures. Suffisait de sonner, de préférence aux heures ou demi-heures, et on se retrouvait devant l'icône, dans la pénombre, on laissait décanter les soucis et les bruits de la journée, une paix douce s'installait, une attente, une espérance, Gilles devint un habitué, une heure d'abord, puis deux, puis trois, sans trop rien ressentir que la simple joie d'être là, en silence. D'ailleurs on n'avait guère le temps de bavarder non plus, ni avant ni après, tout se passait en sourires furtifs, en dehors des mots, quel repos.

Il est vrai qu'on citait un peu trop à son goût le fameux abbé H... avec ces airs un peu sucrés qu'il connaissait bien pour les avoir rencontrés dans l'entourage de tous les gurus de la terre. C'était sans doute inévitable. Il se décida quand même à prendre un rendez-vous, rencontra un petit bonhomme sans âge, énergique, précis, efficace, passionné par l'Inde, c'était vrai, par la mystique, par la prière, mais plus encore par le Christ et par Dieu. Il se vit invité à participer à une des semaines de prière qui se déroulaient dans une vaste propriété à la campagne, la prochaine est toute centrée sur l'enseignement de saint Jean de la Croix et celui de sainte Thérèse d'Avila, cela correspondrait peut-être à ce que vous cherchez, pourquoi ne pas essayer?

Il essaya. Cela correspondait. Totalement. Il avait eu le sentiment de connaître depuis toujours ce qui était exposé au cours de cette semaine. De croire depuis toujours ce qui était annoncé là. Il n'y avait pas eu de feu, ni d'ouragan ni de tremblement de terre, pas d'émotion, pas de vision, pas de sensation, pas de bouleversement, intérieur ni extérieur, il n'était pas tombé de son cheval, n'avait connu ni larmes ni extase, jamais il ne pourrait parler de sa *rencontre* de Dieu, du Christ. Mais simplement il s'était mis à croire que l'Évangile était la vérité, que Dieu l'aimait, lui, Gilles, personnellement, depuis l'éternité, avec son bien, son mal, ses qualités et ses défauts, ses richesses et ses pauvretés, que le Christ était un ami, qu'Il lui faisait confiance, et que lui, Gilles, devait devenir prêtre, sans trop savoir alors ce que cela pouvait bien signifier.

II

Foules innombrables par qui passent l'éblouissement et le poème, armées fantastiques de l'enfance sans cesse recréées, sans cesse décimées, éduquées, mutilées, stérilisées afin de réussir à l'examen.

Qui veut vivre en prolongeant l'enfance est bafoué, éliminé ou crucifié. L'artiste, le poète en qui perdure l'enfance, voyez ce qui leur arrive. S'ils ne sont rejetés dans les marges et s'ils ne meurent pas de faim, la mythologie s'en empare pour les apprivoiser, en faire des bêtes de cirque, des discoureurs de sagesse des nations.

« Pourquoi, écrit Alberto Savinio, cette rigoureuse interdiction d'une vie comme *suite* de l'enfance? La terre est-elle trop petite? N'y aurait-il pas assez d'espace pour une humanité d'enfants " grands "? »

J. Sulivan

Il avait mal quand il voyait les scouts. Il ne savait trop dire pourquoi. Pour des raisons multiples, probablement superficielles. Il y avait l'uniforme évidemment, qu'il n'avait jamais apprécié. Chaque être était unique, jamais interchangeable. Les gosses en bleu marine lui serraient le cœur. On aurait dit des orphelins. Et même remis au goût du jour, avec des chemises de toutes les couleurs, il n'aimait pas les voir tous à la fois, troupeau muet à la messe du dimanche. Incurable individualiste.

Et puis c'était la guerre des scouts, la guerre entre les scouts, de France, d'Europe, chacun avait raison et les autres avaient tort, et Dieu était avec nous.

Les Scouts de France avaient voulu se mettre à la page. Il y avait eu des excès. Le mouvement avait gauchi, disaient les purs et durs. Cela avait profité aux Scouts d'Europe, gardiens affirmés de la Tradition envers et contre tout. Ils avaient crû et multiplié.

Pourtant les autres avaient fait des efforts. Des couples encore jeunes avaient pris les choses en main, réendossé la chemise et les badges, et entraînaient les petits dans le grand jeu scout de la vie. C'était un pis-aller, ils le reconnaissaient. Mais la crise avait été telle que les vrais jeunes, en âge de devenir chefs et cheftaines, avaient disparu corps et biens, quand ils n'avaient pas été rameutés par les Europe, alors il avait bien fallu repartir de zéro. C'était méritoire. Ce n'était certes pas pour le plaisir qu'ils avaient repris le sac à dos! Ils avaient le travail, la famille, les enfants. Mais enfin les meutes se montaient les unes après les autres. On les voyait régulièrement à la messe du dimanche, ils ramaient tout ce qu'ils pouvaient pour faire renaître l'idéal, c'était courageux, émouvant. Dieu merci, ils avaient l'appui du clergé qui non seulement cherchait à les encourager mais en outre ignorait superbement les autres, marée bleu marine silencieuse, dont les parents étaient désolés devant tant de froideur et tant de méfiance.

Le drame se déclencha le jour où Gilles, nouveau vicaire, pourtant aumônier en titre des Scouts de France, accepta de célébrer la messe au rassemblement annuel des Scouts d'Europe. Il fut immédiatement dénoncé à l'aumônier diocésain qui lui fit un sermon bon enfant et sévère à la fois. Participer officiellement à une manifestation des Scouts d'Europe revenait à laisser croire aux braves gens que l'Église cautionnait leur mouvement,

mouvement dont l'idéologie sous-jacente était nettement anté-, voire anti-conciliaire, et qui, sous couvert de scoutisme, voulait en réalité forger l'élite de ceux qui seraient un jour l'âme de la réaction. Il y avait là de quoi décourager ceux et celles qui s'échinaient à reprendre le flambeau des Scouts de France, seuls à être reconnus, cautionnés et encouragés par l'Église. Gilles, avec toute sa bonne volonté, faisait un pas de clerc qui ne donnerait, à la longue, rien de bon.

Tout cela était probablement vrai. Mais dans ces conditions il paraissait tout aussi urgent d'expliquer à ces lépreux en quoi leur mouvement était ambigu et dangereux. Et pour cela, encore fallait-il leur adresser la parole. Gilles tint bon. La messe eut lieu. Selon le désir des autorités un tract avait été largement distribué aux gens pour leur expliquer qu'il ne fallait pas voir là une reconnaissance officielle de leur scoutisme. Moyennant quoi, devant deux cent cinquante enfants, figés du début à la fin de la célébration, on put entamer le dialogue.

Ce fut ardu. On créa une commission du Conseil pastoral. On reçut successivement les responsables des Scouts de France et des Scouts unitaires qui, eux, ne posaient pas de problèmes. Quand vint le tour des Europe, ils demandèrent la permission de faire venir leur commissaire diocésain. Lequel, sans demander la permission, amena le fondateur du Mouvement, plus on est de fous, plus on rit.

Passionnante soirée. Le fondateur ressemblait bien un peu à Mussolini, mais ce n'était pas sa faute, et d'ailleurs sa femme était moins discrète que celle du Duce. Tous deux étaient blancs comme neige. Ils avaient simplement voulu fonder un mouvement où l'idée de l'Europe aurait une place centrale, pour apprendre aux jeunes de l'après-guerre à se rencontrer, à se découvrir, puisque aussi bien ils devraient tous un jour marcher main dans la main. Comment auraient-ils pu prévoir que, suite au dernier Concile et à un aggiornamento un peu trop révolutionnaire chez les Scouts de France, ils verraient un jour affluer des jeunes qu'ils ne pouvaient quand même pas flanquer dehors? Non, ils n'étaient pas intégristes. Ils se voulaient fidèles au Pape et aux évêques. Bien sûr, au moment de l'occupation de Saint-Nicolas-du-Chardonnet, il y avait eu des problèmes, ils avaient dû exclure une centaine de jeunes de leurs troupes de Paris. Non, non, rassurez-vous, insista bien le fondateur, avec un petit rire tranquille, quand on a des intégristes, on les *liquide*. Gilles ne fut pas vraiment rassuré.

Au cours d'une autre réunion, il tenta d'éclaircir l'imbroglio en restant au plan juridique, trop long à rapporter ici. Les gens suffoquèrent quand ils apprirent que légalement ils n'étaient pas considérés comme des vrais scouts alors qu'ils étaient précisément les seuls à n'avoir pas changé depuis l'origine du scoutisme. Tollé général. Tout ça, c'était à cause des cathos de gauche, des curés de gauche, et c'était les enfants qui en pâtissaient.

Là, Gilles était d'accord. Mais il aurait plutôt été tenté de renvoyer dos à dos tous ces gens qui se complaisaient si fort dans ces querelles. Scouts de France, d'Europe, de droite, de gauche, il les mettait dans le même sac. Le scoutisme avait sans doute eu sa raison d'être. Mais alors il lui paraissait surtout permettre à des adultes de croire retrouver leur jeunesse en transformant leurs enfants en ce qu'eux-mêmes n'étaient plus. Les gosses suivaient, qu'auraient-ils pu faire d'autre? Mais ça ressemblait trop à une école de bonne conscience pour âmes pures.

Bien sûr, il y avait encore de très bonnes choses dans tout cela. Mais de là à en faire un absolu... Lorsqu'il voyait, au Q.G. national, de vieux scouts de cinquante ans et plus arborer shorts et chemises, badges et insignes, il avait du mal à les prendre au sérieux. Peut-être y serait-il parvenu s'il avait eu le sentiment qu'eux-mêmes ne s'y prenaient pas trop. Il n'eut jamais ce sentiment.

Tout s'apaisa avec la venue d'un nouveau curé qui calma les esprits en donnant les bénédictions et les cautions souhaitées par les uns sans s'aliéner les autres. Gilles se retira sur la pointe des pieds. Il faut dire qu'il n'avait guère été préparé à ce genre de problèmes lorsqu'il était à Rome, au séminaire.

CAR après la rue du Cherche-Midi, après l'abbé H., la Maison de Prière, porté par les événements qui s'enclenchaient tout seuls, il avait abouti à Rome. Au séminaire. Il y avait appris l'histoire des débuts de l'Église, un peu d'exégèse, de droit canon, de théologie fondamentale, dogmatique, sacramentaire, tout cela au galop, en trois ans, juste assez pour réaliser qu'une vie n'y suffirait pas, que c'était passionnant, captivant, si on voulait, mais loin, vertigineusement loin de monsieur tout-le-monde. Après l'ordination, deux ans de spécialisation à l'Institut de Spiritualité, un survol de la mystique et des mystiques, et bizarrement ça semblait plus concret, un zeste de psycho, histoire d'apprendre à démêler l'origine des états d'âme, et puis voilà, tu es prêt, le reste se fera sur le terrain, comme les copains, pas d'affolement, tu es appelé par le Christ, par l'Église, la grâce de Dieu est là qui te soutiendra, d'ailleurs toi-même tu en crèves d'envie, les études, ça va bien un peu, mais la vie, les hommes, c'est quand même autrement important.

Le séminaire donnait déjà une assez bonne image de ces divisions et de ces bagarres où les catholiques de France prenaient leur distraction. Il y avait, parmi ces quelques dizaines de candidats au sacerdoce, un échantillonnage varié des diverses tendances et sensibilités existant, du gauchiste à l'intégrisant en passant par le baba cool. Mais tout cela était comme mis de côté, en suspens, car tous, du col romain au col roulé, étaient unis dans l'attente du grand jour où, sous les prières solennelles d'une assemblée recueillie et attendrie, les mains leur seraient imposées, *tu es prêtre pour l'éternité*. Et jusque-là on patientait. Il y avait des clans, des sympathies, des antipathies, c'était normal, humain, mais on se supportait les uns les autres, de loin, on poussait même la charité jusqu'à ne pas se fréquenter de trop près pour éviter de se dire des choses désagréables, on était entre gens de bonne compagnie. Et d'ailleurs, sur le fond, tous étaient bien d'accord : il fallait annoncer l'Évangile, la Parole de Dieu, apporter le Christ, témoigner du Sauveur ressuscité, tous auraient pu signer. Quatre fois par semaine ils entendaient un sermon édifiant, et chaque vendredi la Conférence spirituelle du supérieur les replaçait devant l'essentiel. Les conflits entre opinions diverses, progressistes, intégristes, les querelles de scoutisme, rien de cela n'avait droit de cité. D'ailleurs, personne n'était jamais d'avant-garde ou d'arrière-garde que dans la bouche des autres. Tout cela le faisait déjà un peu bâiller.

Il est vrai que pour lui, le séminaire, c'était d'abord Rome. Pas tellement pour de pieux motifs. Bien après l'Inde, bien après qu'il eut dit oui à l'Évangile, lorsqu'il se prit à croire qu'il était fait pour être prêtre, un évêque confiant, tombé du ciel en quelque sorte, l'avait envoyé là-bas en pensant qu'il y découvrirait l'Église universelle plus facilement que dans un séminaire de France. Le calcul avait été bon. Trop même. Car tout semblait s'être organisé pour l'éloigner de plus en plus des préoccupations de ses contemporains immédiats. Tous lui paraissaient finalement si imbus d'eux-mêmes, de *leurs* opinions, de *leurs* sensibilités, à affirmer, à défendre, à promouvoir, que lui-même, guère plus attaché à ses idées qu'à leurs contraires, préférerait flâner.

Car d'abord, il y avait la Ville. Les souvenirs historiques, culturels, bien sûr, au moins un peu, au commencement. Il avait fait, religieusement comme il se doit, le tour des églises, catacombes, monuments, tombes de saints divers. Il s'était étonné devant les luxuriances baroques, entassements, accumulations, amoncellements de dorures, guirlandes, angelots, balustrades, marbres, stucs, bronzes, on n'en finissait pas de découvrir, d'être incrédule, puis charmé devant ces inventions pas racontables. Qui n'avait pas vu San Ignazio, avec ses fresques en trompe-l'œil, ses colonnes de peintures montant jusqu'aux cieux bleu dragée, cette coupole fausse et au-dessous, à droite et à gauche, dans des bonbonnières géantes de lapis-lazuli, les corps des deux jeunes saints jésuites, Louis de Gonzague et Jean Berchmans enchâssés de vermeil en veux-tu, en voilà et veillés par des anges androgynes au sourire troublant, n'avait rien vu.

La Ville elle-même était un décor de théâtre permanent, un labyrinthe de ruelles ocre où l'on se perdait à n'en plus finir, entre des boutiques, échoppes de menuisiers, mécanos, sous le linge suspendu, caleçons, chemises affolées. Via dei Capellari, par exemple, on se croyait déjà à Naples, quelque part entre le mastoc palais Farnèse et un petit recoin ombreux où l'on dénichait une fresque sans prétention, une Vierge à l'Enfant derrière une grille, pendant que la radio hurlait par les fenêtres, que passaient des touristes isolés, ou des bonnes sœurs en robes noires, comme dans son enfance. Gilles arpentait pendant des heures, au lieu de sécher sur ses bouquins, voyeur, voyant, fasciné par les corps, les visages, les couleurs, les gamins, les pigeons, il promenait dessus, dedans, le regard attendri de celui qui tire son plaisir d'une création sienne, alors qu'il n'y était pour rien, bien sûr, mais on pouvait toujours jouer au créateur, il ne s'en privait pas, amusé, émerveillé par cette vie, le marché du Campo dei Fiori, là où veillait, tout noir, le *Giordano Bruno* de bronze, des légumes en tas colorés, le fleuriste où l'un de ses copains très comme-il-faut s'approvisionnait pour décorer sa chambre ou la statue de la Sainte Vierge, les chats courant partout, des chats de toutes les façons, on en voyait mi-partie orange et blanc, mi-partie tigrés, des chats surréalistes. Sans scrupule, Gilles entassait images, parfums, les gens chics par exemple, plus loin, vers la Piazza di Spagna, au pied de l'escalier géant, le Caffè Greco où ils se prenaient pour Byron, Andersen, que sais-je, c'était une illusion probablement, une tentation peut-être, mais Dieu, si c'était lui, lui paraissait plus proche dans ce grouillement-là, ce déferlement de couleurs et d'odeurs, autrement plus proche que dans la chapelle terne où, face à face dans les stalles, ses jeunes condisciples adoraient le Dieu Vivant en fermant les yeux et voûtant les épaules.

Et puis il y avait les copains, le cercle de ceux qui cachaient chacun son mystère sous des airs décontractés. Des pudiques au rire large. Des gens avec qui on pouvait parler ou se taire aussi bien, chahuter ou prier sans en faire tout un plat. De ceux qui n'avaient pas l'air curés avant de l'être, engoncés dans un col romain visible ou invisible, mais qui étaient prêts à bondir chaque fois qu'on avait besoin, discrètement et efficacement sans blabla ni flafla. Qui ne vous rabâchaient pas leur rencontre du Christ avec des trémolos. Qui ne se reconnaissaient pas non plus dans les intellectuels de haut vol, de ceux qui se voulaient dégagés, libérés du formalisme des vieux-jeu mais restaient attachés, cela sautait aux yeux, à des formalismes opposés, en regardant de haut les pas-sérieux de la bande à Gilles.

Il y avait Antonio, un Catalan, Lorenzo, un Napolitain, Sean, un Irlandais, tous égarés dans ce Séminaire français, pour apprendre la langue. Mais aussi Jean-Marie de Cambrai, Jean de Saint-Flour, Louis de Marseille et surtout Dominique de Besançon, un complice-né. Une harmonie, ce garçon, doué pour tout sauf pour l'abstraction, dessinant, peignant, sculptant, pratiquant l'alpinisme et quelques autres sports. Ils s'étaient retrouvés côte à côte lors du premier cours et ne s'étaient plus quittés depuis. Sans se perdre en introspections ils avaient compris qu'ils étaient amis depuis toujours, depuis l'éternité probablement, et que c'était très bien ainsi. Prêts à rire, prêts à prier, prêts à aimer, prêts à chanter, passionnés de vie, de rencontres, de visages, communiquant par le regard et le silence, comiques à observer parce que l'un dominait l'autre de vingt bons centimètres et que Gilles, à côté de son comparse, avait l'air d'un teckel, ils traversaient tranquillement ce temps de séminaire sans se prendre au sérieux, ni les autres, ni le système lui-même, heureux d'un rien, d'un éclair de soleil, d'un visage croisé, d'une pizza le soir, *da Ivo* ou *da Baffetto,* d'une balade à scooter sur la plage.

Malheureux d'un rien, aussi, bien entendu, mais ne le disant pas.

Quoi d'autre à Rome? Des gens très *comme-il-faut,* ou comme on dit qu'il faut, appartenant à l'École française, à la Villa Médicis, aux Ambassades, un monde à peine snob, amusant à regarder le temps d'une soirée à la Villa ou au Farnèse, mais qui relevait davantage, aux yeux de Gilles, d'une espèce d'ethnie vaguement sophistiquée, que d'une société à fréquenter assidûment. Il devait pourtant approcher cette faune-là de plus près. A cause des enfants. Car pour Gilles, Rome, qu'il l'ait voulu ou non, ce fut d'abord, étrangement, la découverte des enfants.

Lorsque Jean avait quitté le séminaire pour rejoindre Saint-Flour, il avait dû, du même coup, abandonner la troupe de scouts qu'il dirigeait de main de maître. Allez savoir pourquoi, une intuition sans doute, il avait demandé à Gilles de seconder le chef officiel, un grand garçon pur aux yeux clairs, pas très à l'aise devant les personnalités que recelait la troupe. Gilles n'avait pas voulu dire non, mais avait précisé qu'il ne connaissait rien, ni au scoutisme, ni aux gamins de cet âge-là. Tant mieux, avait dit Jean, les théoriciens, c'est tous des *congres.*

Très vite il avait été fasciné. Non par le scoutisme à la mode de son jeune chef, mais par la vitalité des ados. Ces derniers n'avaient pas tellement besoin d'apprendre à faire des nœuds. Mais ils avaient besoin qu'on les prenne au sérieux, qu'on les traite de personne à personne. Pauvres petits riches, enfants de diplomates ou de hauts fonctionnaires, élèves du Lycée français, parlant plusieurs langues et en possession d'un bagage culturel supérieur à la moyenne, ils étaient pris dans l'engrenage du travail et du succès, condamnés à réussir selon les normes des gens de bien, privés d'enfance. On les mettait chez les scouts pour qu'ils s'aèrent un peu et pendant ce temps-là papa-maman pouvaient aller, sans scrupule, de cocktail en réception. La première fois qu'il se retrouva un dimanche soir avec quatre gamins dans un appartement somptueux où personne ne les attendait et où le fils de la maison avait invité ses copains pour ne pas rester seul pendant que ses parents dînaient chez les N..., Gilles se dit qu'il ne perdait pas totalement son temps.

Il y avait Laury, Hervé, Grégoire. Et puis Federico, Jean-Christophe, Olivier et quelques autres. Ils avaient douze, treize, quatorze ans, riches d'argent, de confort, de culture, de futurs petits chefs, prêts à aimer et prêts à détester, prêts à vivre, prêts à tricher, prêts à mentir, avides d'exister, d'être reconnus, compris, aimés pour eux-mêmes et non pour les satisfactions qu'ils donneraient au monde des adultes. Après avoir testé Gilles par des chahuts et des blagues variés, ils avaient décidé qu'il était valable, qu'il n'était pas un parent ni un prof, ni un curé comme les autres, un moraliste pas marrant. En fait ils étaient un peu déroutés. Il semblait ne rien chercher à leur apprendre, on aurait dit qu'il prenait plaisir à jouer avec eux.

Le week-end, ils partaient au Monte Morra, un alpage perché au-dessus du maquis. Il fallait grimper un raidillon pendant deux bonnes heures et la première fois la troupe avait rouspété. Mais là-haut c'était le paradis, on n'entendait que le vent, les clarines des vaches, au matin des bergers apportaient du fromage blanc, toute la nuit les gamins discutaient, le chef n'était pas content, il essayait de les faire taire. Gilles riait, l'autre n'appréciait pas, ce n'était pas éducateur, disait-il. Il avait vingt ans, le petit chef, il voulait déjà être éducateur. Gilles, lui, avait le sentiment d'être à l'école, de revivre avec ces gamins une adolescence qu'il avait ratée. Il jubilait de les voir si passionnés, si vivants, si candides, si purs. Et quand son jeune compagnon émettait des réserves quant à la pureté de ces petits coqs dont la virilité naissante était au centre de leurs préoccupations et faisait l'objet de multiples expériences, mesures et comparaisons, il essayait mollement de lui expliquer que la pureté dont il parlait n'était pas celle-là. L'autre n'était pas convaincu, ses catégories étaient définies une fois pour toutes.

Grâce à Federico il avait pu comprendre que les jeunes n'ont pas toujours besoin d'adultes pour saisir les choses essentielles. C'était un roublard,

Federico, futur ermite ou futur mafioso, n'importe quoi mais pas futur médiocre. Comme sa mère était prof de religion dans une boîte privée, il ne fallait pas trop lui parler bondieuseries. Mais un jour, alors qu'ils refaisaient le monde en arpentant le Palatin, il avait laissé échapper quelques mots sur la question :

– Tout de même, il y a quelque chose que je ne comprends pas...

– Quoi?

– Dieu... si ça existe, c'est beaucoup plus grand que tout ce qu'on peut imaginer?

– Sûrement, oui. Pourquoi?

– C'est beaucoup plus grand que tout ce qu'on peut en dire?

– Oui, sûrement. Pourquoi?

– Parce que ça prouve une chose!

– Quelle chose?

– Ça prouve que tous ceux qui en parlent tout le temps, comme ça, facilement, les curés et les autres... Ça prouve que plus ils en parlent et moins ils savent de quoi ils parlent!

Abasourdi, Gilles. Il avait essayé d'en savoir plus :

– Mais ça, ce que tu viens de dire, tu l'as entendu, tu l'as lu quelque part?

– Non, ça m'est venu comme ça. Parce que, tu comprends, quand je vais à la messe, une fois tous les dix mille ans, ce que j'aime, moi, c'est après la Communion. Parce que là, c'est le silence, tu comprends. Mais après, le curé dit « Prions », alors ça recommence!

Pour Gilles, cela valait quelques cours de théologie.

ON avait ressuscité les enfants de chœur. Ils avaient disparu depuis qu'un ancien curé, vaguement progressiste à l'époque, avait appris à s'en passer. Mais un couple très comme-il-faut, dont les enfants s'ennuyaient à la messe, ne s'était pas résigné et avait proposé de relancer l'affaire.

Ça n'avait pas été tout seul. *A priori* Gilles n'était pas d'accord. Il lui semblait que la liturgie actuelle ne laissait guère de place à ces angelots-là, et que ce n'était pas un mal. Évidemment, dans les temps anciens, la messe tenait davantage du spectacle, on ne communiait pas systématiquement. On venait adorer de loin la Présence réelle, et le cérémonial devait aider à exprimer cette adoration muette. On rendait les honneurs au Christ et la participation de tout ce petit monde virevoltant enjolivait et amplifiait le décorum. Le Mystère se déroulait au-delà de la table de communion, le peuple vénérait en deçà.

Mais puisque l'Église avait permis de découvrir

ou de redécouvrir que l'Eucharistie, certes réactualisation du Sacrifice du Christ, était aussi, et peut-être même avant tout, repas de Communion; que le Christ ne s'y rendait présent que pour se donner en nourriture, s'incorporer aux fidèles pour les incorporer à lui, il semblait à notre vicaire que multiplier autour de l'autel les acteurs, les gestes, les démarches, les saluts, les courbettes risquait plutôt de détourner l'attention des participants de ce qui était essentiel.

On lui représenta que la question n'était pas là, que les enfants aimaient cela, qu'ils se sentiraient plus concernés, plus participants, qu'ils s'ennuieraient moins; que de les faire servir l'autel ne pourrait manquer de les familiariser avec la messe, de les éveiller au Mystère et, pourquoi pas, cela s'est vu de tout temps, de permettre ainsi, qui sait, de susciter des vocations.

Il crut trouver un argument de poids en démontrant que si le prêtre préside à l'Eucharistie, c'est d'abord parce qu'il est pasteur de la communauté, et non l'inverse, et que vouloir ainsi attirer ces innocents par le moyen du rite était dangereux. Car on peut goûter fort le cérémonial et n'être pas pour autant doué des qualités utiles, sens de l'autre et de la relation, pour devenir pasteur d'un peuple et tenir le coup. Cela s'est vu aussi.

C'était une gaffe. Le curé avait suivi le chemin de l'autel et on devait reconnaître qu'il ne se débrouillait pas plus mal pour autant. Et puis l'idée lui plaisait et l'affaire était donc entendue. On vit réapparaître des enfants de chœur tout neufs, rebaptisés grands clercs, on ressortit et lessiva des aubes datant d'un temps où les adolescents grandissaient moins vite que de nos jours, et nos jeunes lévites se mirent, à tour de rôle et chacun à son tour, à servir la messe, à préparer l'autel, à porter livres et flambeaux, à présenter les burettes au moment opportun, à s'agenouiller et à saluer comme il se doit, et à s'estimer fiers et heureux de l'honneur qui, que, dont.

Chaque samedi matin leur mentor les prenait à part dans une des salles du presbytère, les initiait aux Mystères, décomposait la liturgie et ses diverses articulations, se donnait un mal et un plaisir fous. Et on les revoyait à la messe du soir, sérieux et appliqués. La majeure partie des paroissiens fut satisfaite, cela rappelait le bon temps. D'autres au contraire trouvèrent ainsi un argument de plus pour se lamenter devant un tel retour en arrière, une raison de plus de se couper de la paroisse et de pratiquer moins, bref, tout le monde y trouva son compte.

Sinon qu'en grandissant ils devenaient comiques, ces jeunes clercs, de plus en plus godiches, malhabiles et envahissants. Et que, coincés entre quelques gamins géants, les prêtres, eux, pouvaient à peine se mouvoir, tout geste un peu ample, toute improvisation devenant impossible sous peine de désordre et de panique dans les rangs des enfants.

Sinon que, pour les occuper, ces petits, on vit bientôt resurgir un certain nombre de colifichets liturgiques qui moisissaient depuis beau temps dans les placards de la sacristie. Lorsque Gilles vit un jour réapparaître une superbe sonnette triple astiquée de frais il demanda naïvement à quoi cela pouvait donc servir. Il lui fut répondu qu'elle devait signaler la Consécration et accompagner l'Élévation. Placidement il expliqua que de tels gestes avaient eu leur raison d'être à une époque où, dos tourné au public, le prêtre murmurait en latin des paroles inaudibles. Mais puisque désormais tout se faisait à voix haute et à la vue de tous, ce bibelot ne lui paraissait pas avoir une réelle utilité. Avec un rien de perfidie il demanda s'il s'agissait vraiment de faire renaître les enfants de chœur pour servir la liturgie communautaire, ou d'exhumer des vestiges du passé pour justifier leur existence et occuper ces chers petits. On ne répondit pas et on rangea l'objet. C'était dommage pour la dame qui l'avait nettoyé avec tant de soin. Mais cela lui sera compté, sûrement.

Et les grands clercs ont continué leur office. Et, passé l'euphorie du début, ils ont recommencé à faire ce que, dit-on, ils firent de tout temps, discuter et brailler dans la sacristie, oublier d'installer les hosties et le vin, d'allumer les cierges, se chamailler pour des préséances connues d'eux seuls, se fourrer dans les pattes du célébrant au moment où celui-là aurait aimé avoir un peu de paix. Et puis surtout, surtout, s'ennuyer comme avant (mais maintenant ça se voyait de loin), sans jamais oser l'avouer ni probablement se l'avouer à eux-mêmes, pendant que leurs adultes de parents, émus et contents d'eux, se donnaient du plaisir, retrouvaient leur jeunesse, persuadés, qui plus est, qu'ils rendaient service à l'Église, aux prêtres, et aux enfants eux-mêmes.

Mauvais esprit, Gilles? Allons donc! Il avait dû constater lui-même que, parmi les enfants, quelques-uns avaient l'air d'y croire. Ils avaient la tête penchée, le regard un peu triste. Décidément, Grégoire lui manquait.

OUI, Grégoire lui manquait. Il n'avait pas la tête penchée. Il avait d'autres inquiétudes que la piété. Quand il était aux Scouts, à Rome, on ne l'entendait guère. Il était le plus costaud et cela suffisait. Il était le plus grave aussi, mais ça ne se repérait pas trop. Avec Laury, Federico, Hervé et quelques autres, il avait testé Gilles dès la première fois. Pas fort, le nouveau chef, on le battait au bras de fer. Mais tout de même, il avait l'air moins coincé que les autres. Grégoire l'avait observé pendant des mois.

Et puis un matin, allez savoir pourquoi, à cause du soleil, peut-être, qui se levait sur l'alpage, à cause de l'eau qu'il fallait aller chercher à la source, à cause de la source qu'il fallait chercher quelque part derrière la montagne, là-bas, plus loin, parce que les autres avaient la flemme, parce qu'il était le plus costaud et qu'il fallait porter les bidons, parce qu'ils s'étaient retrouvés tout seuls dans la verdure, cherchant la source quelque part dans un labyrinthe d'arbustes et de rochers, étourdis de soleil, engourdis tout autant d'une nuit sans sommeil, après un long temps de mutisme, Grégoire avait osé sortir de sa réserve, il y avait quelque chose qu'il ne comprenait pas, avait-il dit, l'air aussi détaché que possible, et Gilles avait demandé quoi. Et ça avait donné ceci :

– Ben, avant, tu voulais pas être curé?

– Ben... non!

Long silence.

– Même que tu les aimais pas trop?

– Qui?

– Ben, les curés, non?

– Pas plus que ça, non.

Long silence.

– Et maintenant, tu veux être curé!

– Oui.

Long silence. Très long silence. Ils avançaient dans le soleil, ils avançaient dans la lumière, la source était plus loin, les bidons vides cognaient aux rochers, les grillons s'étaient réveillés, sciaient l'air, ils avançaient dans l'harmonie, Grégoire avait repris :

– Il a dû se passer quelque chose de terrible!

Gilles avait dit que oui, quelque chose de terrible, quelque chose de très beau aussi, quelque chose de doux, quelque chose qui n'était pas vraiment quelque chose, qui était peut-être quelqu'un, à la fois proche et mystérieux, ça ne se voit pas, ça ne s'entend pas, ça ne se touche pas, ça ne se flaire pas, ne se goûte pas, non, et pourtant, oui, c'est comme ça, comme une certitude dont on ne serait pas certain, jamais, une question qui renaîtrait tous les jours. Alors Grégoire l'avait interrompu, il s'était campé devant lui, avait posé sa main droite sur l'épaule gauche du chef, geste inouï, il l'avait regardé tout droit, de son drôle de regard de Pierrot triste, de Pierrot inquiet, et puis la question grave avait jailli, la plus grave, la seule grave, droit dans les yeux, droit dans le cœur, il avait dit :

– Sans rire, tu as vu Dieu?

Gilles avait bredouillé, balbutié, ce regard posé sur lui, en lui, au plus profond, au plus secret, la question la plus vraie, la plus forte, la soif et le désir de cet enfant, pas de mots pour répondre, ils étaient là dans le soleil multiplié aux gouttes de rosée, ils étaient là dans la lumière, et Grégoire attendait, et Gilles bafouillait, comment lui dire que oui, que non, que quelque chose, oui, sans doute, peut-être, s'était produit, un jour, un soir, il ne pouvait dire quand, une sorte d'éveil, mais zut, si on pouvait le dire ce ne serait pas ça. Il est vrai que Grégoire n'en espérait pas plus, Grégoire qui comprenait bien mieux qu'avec des mots. Ils étaient repartis en silence, le cœur battant, un long moment. Et l'enfant avait dit :

– Mais ça pourrait arriver à n'importe qui?

Et Gilles avait dit :

– Oui.

Et Grégoire avait dit :
– Ça pourrait m'arriver à moi aussi?
Et Gilles avait dit :
– Pourquoi pas?
Et Grégoire avait sursauté, reculé :
– Mais j'veux pas que ça m'arrive!
– Pourquoi?
– J'veux pas m'faire curé, moi!

Et Gilles avait ri. Il avait dit que le problème n'était pas là, que l'important n'était pas d'être curé ou pas, que ceux qui croyaient en Dieu ne se faisaient pas tous curés, Dieu merci, mais que chercher, connaître Dieu, c'était possible en toutes circonstances, que ce qui comptait, c'était de chercher, justement, que c'était un monde à explorer, Dieu, que c'était difficile, et même douloureux parfois, mais passionnant. Sur quoi ils avaient trouvé la fontaine, rempli les bidons, d'autres gamins avaient fini par les rejoindre, plus question de continuer de parler de ça, d'ailleurs l'essentiel avait été dit.

Mais ça le tenaillait, Grégoire. Si fort et si profond qu'il avait attendu un an avant de reprendre la converse. Et que, pendant cette année-là, il n'était revenu le voir au séminaire, à de très rares reprises, que pour se rendre insupportable, comme s'il s'en était voulu d'avoir confié son secret à cette espèce d'adulte qui ne pouvait, de toute façon, rien comprendre, c'est du moins ce qu'il lui répétait sans se lasser. Ils erraient dans les rues de Rome, sans but précis, parlant apparemment pour ne rien dire, en réalité, pour permettre que Grégoire s'apprivoise.

L'occasion était revenue l'été suivant. Pour remercier le chef scout de son dévouement, parce que leur fils en avait une envie folle et aussi, Gilles s'en rendit compte assez vite, pour sonder quelque peu ce futur curé dont Grégoire semblait s'être entiché, les parents du gamin avaient invité Gilles à passer quelques jours chez eux, près de Grasse, histoire de récupérer un peu des fatigues du camp. L'intention était bonne. La réalisation le fut moins. Ce furent, du matin au soir, des discussions hautement philosophiques avec la dame, qui cherchait manifestement à justifier son athéisme en faisant appel à toutes les sommités possibles. A la fin de la seconde soirée, alors que Gilles, fourbu, aspirait à un repos bien mérité, il vit surgir son boy-scout :

– J'ai rien compris à vos histoires. Tu parlais pas comme d'habitude, espèce d'adulte (c'était, dans sa bouche, l'injure suprême). Ça rime à quoi tout ça, on pourra jamais rien prouver dans un sens ou dans l'autre, si Dieu existe ou pas, alors à quoi bon discuter?

Fatigué, Gilles. Il n'avait pas envie de continuer toute la nuit. On était en vacances, non? Il regarda l'adolescent qui faisait face, l'air buté, boudeur, prêt à s'ouvrir, mourant d'envie de le faire, mais prêt à se fermer aussi, comme une huître, en cas de non-réponse. C'était trop beau, trop important, d'ailleurs il était là pour ça, comment esquiver, s'esquiver?

– Ça t'intéresse donc tant de savoir si Dieu existe ou pas?

L'autre le regarde comme on regarde un imbécile, hausse les épaules, marmonne :

– Qu'est-ce qu'il pourrait y avoir d'autre, d'intéressant?

Gilles fait front :

– Écoute. Si vraiment tu veux voir Dieu, je crois que je pourrais t'aider. Mais il faut que tu le veuilles par-dessus tout.

Panique de Grégoire.

– Mais j'veux pas! J'veux pas voir Dieu! J'me f'rais curé, j'te dis! J'veux pas!

Émerveillé, Gilles. Ce gamin comprenait tout. Il sentait, pressentait un mystère, un quelque chose, un je-ne-sais-quoi qu'on atteint d'aventure, cela pouvait tout chambouler, bouleverser la vie, sa vie, il en crevait d'envie et de frousse, il fallait le calmer, l'apaiser. Gilles reprit son couplet, la question n'était pas de se faire curé ou pas, mais de s'ouvrir, de prendre du temps pour découvrir, du fond des tripes, que la vie valait mieux que le vêtement, que le bonheur était lié à l'amour, reçu, donné, librement, largement, et non dans la possession, que la richesse était dans l'être et non pas dans l'avoir, que les mots de la religion, l'adhésion à une religion, tout cela était secondaire à côté d'une aventure, d'une expérience indicible, au-delà des bouquins, des sentiments, des émotions, des sensations, prends le temps de t'arrêter, gamin, de goûter la vie qui palpite en toi, c'est du miracle à l'état brut, quiconque n'est pas capable de comprendre cela, même s'il se dit croyant, pratiquant, est un athée, un mort, un idolâtre, il ne comprendra pas plus, quoi qu'il en dise, à travers les prodiges de tout genre, les théories les plus élaborées, une expérience comme insensible, oui, à la portée du dernier des imbéciles, suffit de se pencher et de boire à la source, ne crois pas trop les militants qui veulent te convertir, te démontrer, te persuader, qui accumulent des tombereaux de preuves, c'est eux qui en ont besoin, ils crient Jésus, Jésus, si fort qu'ils Lui ferment la bouche, et on ne risque pas de L'entendre au milieu de tout le potin qu'ils font, non, bonhomme, ne les crois pas, ils n'ont jamais approché, pressenti cela, cette réalité, ce mystère dont je te parle, dont je voudrais te parler, mais comment t'en parler, petit, les mots sont piégés, morts, il faudrait chanter, danser, la musique en dirait davantage... Grégoire l'avait interrompu :

– Arrête, maintenant. J'ai jamais parlé comme ça, de ça, avec personne. Mais il faut qu'on s'arrête, maintenant. J'ai peur.

– Peur?

– Oui. J'sais pas très bien de quoi, pourquoi. Mais j'ai peur. Faut qu'on s'arrête, tu veux bien?

Oui, il lui manquait, Grégoire. Il y avait eu des mois, des années difficiles. Les parents avaient fini par mettre le holà, ils voulaient que leur fils étudie, réussisse, ce Gilles avait une mauvaise influence, ses valeurs n'étaient pas les leurs, Grégoire n'était déjà pas tellement motivé par le travail, il restait des heures à rêvasser devant ses bouquins, ses copies, mais il n'avait pas de méthode, on sentait bien qu'il n'accrochait pas à grand-chose, bref les rencontres s'étaient espacées. Cela n'avait pas nui à l'amitié.

Les prêtres de la région étaient chaleureux, joviaux. Ils se retrouvaient régulièrement pour partager, échanger, discuter des problèmes de la pastorale, mettre au point les calendriers. Au moins une fois par trimestre une réunion de zone regroupait plusieurs doyennés autour d'un thème de réflexion. On faisait venir des spécialistes. On parlait du baptême, du mariage, des funérailles, des immigrés, de la place des laïcs, de celle du clergé.

Les retrouvailles étaient sonores. Exclamations, rires, blagues éculées, les mots de passe du clan, grands gestes des bras, tout un rituel irremplaçable. Il s'agissait de montrer qu'on était bien dans sa peau, prêtre et heureux de l'être, qu'on était contents de se revoir, qu'on était bien, là, tous ensemble, réunis autour du même Jésus Christ et par Lui. Il fallait que cela se voie, que cela s'entende.

Au début, on s'y laisse prendre, disait Gilles,

on se sent le bienvenu, on est attendu, tout va bien. Quelques jours après son ordination, alors qu'il lui restait encore à achever deux ans d'études loin du diocèse, le vicaire épiscopal chargé de cette zone lui avait demandé de venir se présenter lors de la réunion de rentrée. N'était-il pas le premier prêtre issu de ce terroir depuis plusieurs lustres? Dans l'euphorie du grand moment il avait tenté de raconter brièvement par quel itinéraire, tortueux et logique à la fois, il avait rejoint leurs rangs. Les inquiétudes de l'adolescence, le travail de bureau, les voyages lointains, l'Inde et ses ashrams, les non-violents, Lanza, Vinoba, l'ermitage du Shantivanam, celui d'Assise, le Sinaï. Et puis enfin la Découverte, la Rencontre, rue du Cherche-Midi, ça fait toujours sourire, la Maison de Prière, Paray, Rome.

Il avait fallu remettre les choses au point. L'évêque disait alors à qui voulait l'entendre qu'il venait d'ordonner le premier prêtre issu de la génération de ceux qui avaient pris les chemins de Katmandou. Par ailleurs, on le savait suivre le séminaire à Rome. Certains s'attendaient peut-être, plus ou moins consciemment, à le voir arriver hirsute, le *chilum* à la main et des colliers de fleurs partout. D'autres l'imaginaient tout de noir vêtu avec un col romain haut comme ça. Mais il n'était ni l'un ni l'autre, c'était plutôt rassurant, ce qu'il avait pu voir et rencontrer était intéressant, enfin on en tenait un qui n'était pas de la tribu, qui n'avait pas suivi le parcours habituel, ça prouvait que l'Église était missionnaire et ça faisait plaisir. A la détente il eut droit à de grandes démonstrations d'amitié.

Il avait mis du temps, ensuite, à comprendre l'origine de cette sympathie. Il était, en fait, l'exception qui confirmait la règle. S'il avait eu besoin de passer par l'Inde et le désert pour en arriver au même point qu'eux, cela signifiait évidemment qu'ils avaient eu raison depuis toujours de croire ce qu'ils croyaient, de faire ce qu'ils faisaient et comme ils le faisaient, sans avoir jamais eu besoin de chercher midi à quatorze heures, le Tout-Puissant au Sinaï et Jésus rue du Cherche-Midi.

Et leurs sourires, et leur amitié toute neuve signifiaient ceci : Dieu est bon, tout de même, Il t'a remis sur le droit chemin, sur *notre* droit chemin, aussi ne t'inquiète pas, sois tranquille, maintenant tu es des nôtres, maintenant tu es comme nous.

Ce n'était pas si simple. Car c'était oublier que s'il avait dû, lui, médiocre aventurier et craintif de nature, se propulser ainsi à l'autre bout du monde, c'était aussi parce que, après avoir souvent frappé aux portes des églises, il n'avait pas trouvé grand-chose qui répondît à son attente, qu'il n'était pas le seul dans ce cas et que beaucoup s'y étaient perdus.

Car il lui était arrivé, pendant l'adolescence, de vouloir pratiquer la messe du dimanche. Mais tout ce qu'il voyait alors, avec ses yeux encore tout neufs, tout ce qu'il entendait, se mélangeait dans sa tête et se mélangeait dans son cœur, comme une soupe chaude et froide à la fois, salée et sucrée en même temps, qu'il ne pouvait pas avaler.

Et c'est vrai. Que pouvait-il percevoir à cette époque, noyé au milieu des fidèles, sinon des dos voûtés, toute la lassitude et la crainte du monde, des silhouettes avachies ou trop raides, des mouvements de foule automatiques et mous? Avec, en face, des prêtres généreux et sincères, sans aucun doute, mais que les mots de feu qui sortaient d'eux semblaient si peu brûler, ni même simplement réchauffer? Ils parlaient de joie avec une voix terne, ils parlaient de Vie éternelle, et ils n'avaient pas l'air vivant, ils parlaient d'Espérance et de Foi, de Lumière et de Liberté, et rien de tout cela ne paraissait vraiment les émouvoir.

Bien sûr, il lui manquait la Foi. Il regardait les choses du dehors, avec l'intransigeance de l'adolescent qui ne fait pas la part des choses. Il dut apprendre, par la suite, à nuancer, à considérer l'Église, éternellement Sainte et Putain, comme une longue procession de pécheurs pardonnés, de médiocres relevés, les prêtres, non comme des héros de sainteté ou d'intériorité, mais comme les porteurs d'une mission, les serviteurs d'une Parole qui les dépasse et qui les juge, et il était déjà bien beau qu'ils persévèrent, jour après jour, loin des extases et des révélations, à travers l'habitude, la fatigue, la solitude et l'incompréhension. Beaucoup d'entre eux avaient vu leurs troupes s'amenuiser, leurs amis, leurs frères, déserter, se marier, tant de drames qui ne se disaient pas. Il lui avait fallu apprendre à élargir son regard, à aller plus au fond des choses.

Mais restait que, pour rejoindre leurs rangs, il avait dû, lui aussi, prendre bien des risques, traverser des déserts, rencontrer providentiellement et contre toute attente quelques déraisonnables, prêtres ou non, chrétiens ou non, avant de commencer à pressentir que, derrière ces mornes apparences, le Christ était vivant et sa parole conservée dans son intégrité par ceux-là mêmes qui, pendant tant d'années, lui avaient paru si fort s'ennuyer en la récitant.

Bref, il n'était plus temps de reculer. Il participait aux réunions à l'heure dite et tâchait de comprendre. Comment s'étonner que des hommes, vivant seuls la plupart du temps, soient heureux de se retrouver, de se raconter, de se rappeler leur passé, de récupérer leur jeunesse, les aventures folles du séminaire, les années heureuses et difficiles où ils étaient jeunes vicaires confrontés à de vieux curés? Quel mauvais démon lui susurrait à l'oreille que le but premier de ces réunions, quel qu'ait été leur objet officiel, était plutôt celui-là? Pourquoi aurait-il voulu se mettre à l'écart au moment où commençait la détente, où l'on prenait l'apéritif, où l'on se mettait à table, où l'on mangeait en se racontant, où l'on buvait en mangeant, où l'on se dégrafait un peu? C'était vrai depuis toujours, Gerson le disait déjà pour justifier la Fête des Fous, il était nécessaire de lâcher la bonde de temps en temps, sans quoi la barrique aurait explosé. On était incarné, humain, le Christ lui-même avait offert du vin, quelques centaines de litres, aux Noces de Cana, il avait su inviter ses disciples à se mettre en congé, *venez à l'écart, reposez-vous un peu,* Gilles n'y pouvait rien, ces repas d'hommes le rendaient triste.

Et pourtant on ne faisait pas que manger. On priait auparavant, les visages se fermaient, les têtes se baissaient, mentons contre poitrines, on récitait, d'un ton convaincu, monocorde, les Psaumes, un passage d'Évangile, on observait un temps de silence, le rituel était respecté, rien à redire. Mais tout de même, comme ils avaient l'air plus vrai quand ils parlaient, mangeaient, buvaient, ses bien chers frères et ses bien chers confrères!

POURQUOI le désert? Comme ça. Pour rien. Par envie. Par besoin. Par plaisir. Comme un rêve d'enfant. A cause de Tintin, probablement, l'Or noir, les Cigares du pharaon. Et même avant cela, à cause d'un livre ancien, le prix d'honneur de quelque ancêtre mort, un bouquin rouge, doré sur tranches, odeur de vieux et de moisi, qu'il allait lire en douce dans le grenier. C'était l'histoire d'un colonel français qui montait une expédition dans le Hoggar. Des Touaregs perfides les abandonnaient près d'un puits qu'ils avaient comblé de sable et de caillasse; mais ils ne se décourageaient pas, fondaient de toutes pièces une oasis florissante, c'était l'aventure absolue, un mélo tricolore, cocardier comme on n'en fait plus. A cause aussi de Lawrence d'Arabie, et de ce grand soleil tout rouge qui monte de l'horizon au début du film. Gilles avait quinze ou seize ans à l'époque, il rêvait trop, c'est dangereux. A cause de la Bible, évidemment, et des Dix Commandements. Et puis, plus encore que tout cela, à cause de Kazantzakis, de ses carnets de voyage, de sa marche vers le Sinaï, à travers des gorges de feu pétrifié. Le désert était cette forge où, pendant quarante ans, le peuple d'Israël avait été martelé par Yahvé. Gilles avait lu, relu cela, le cœur battant, le Sinaï l'appelait, c'était plus fort que lui.

Une première fois il avait essayé. En revenant de l'Inde il était descendu en stop jusqu'à Eilat. Dans le Néguev un camion qui bifurquait vers une impasse l'avait laissé au bord de la grand-route. Il était midi. On était en juillet. On était près de la mer Morte. Gilles avait été embrasé d'un étonnant bonheur. Il avait tourné le dos à la chaussée, était parti tout droit à travers des ravins de cailloux, de soleil, de silence. L'émerveillement avait gonflé, une exaltation calme, dense, venue du plus profond. Dans cet univers minéral il n'y avait que roche et sel et soufre et cuivre. Pas un oiseau, pas un insecte. Gilles était seul et il était vivant. Et cette vie, il ne la tenait pas de lui-même, il n'avait rien fait pour qu'elle soit, ne savait pas comment elle battait en lui, ni pourquoi. Mais le sang coulait rouge dans les cavités du cœur, ruisselait dans les veines, les artères, c'était ainsi, c'était donné, par quoi, par qui, personne n'en savait rien, par Dieu évidemment auraient dit les croyants, mais c'était peut-être là encore une manière d'esquiver le Mystère – qu'est-ce que cela signifiait, Dieu, il n'en savait rien, Gilles, et les croyants non plus probablement, qui se cachaient souvent la vie avec des mots. D'ailleurs ce n'était pas le moment de réfléchir, il n'y avait que cette évidence tangible, palpable, de sa vie, brute, absurde, contre nature presque, au milieu de ces pierres immobiles, mais invincible aussi, toute-puissante dans sa fragilité même, chaque seconde de conscience était donnée, unique, précieuse, par qui, par quoi, allez savoir, chaque instant était unique, précieux, irremplaçable, chaque pulsation de vie une fleur qui naissait et mourait sans bruit, une espèce de miracle qui n'en finissait pas de se renouveler. Gilles était revenu sur la route avec une joie neuve et grave. Un autre routier l'avait embarqué, il l'aurait embrassé, quelle merveille un vivant! En même temps il souriait de lui-même, de cette ivresse sans alcool, le soleil avait frappé fort, et c'était tout. N'empêche. C'était le lendemain, à Eilat, qu'il avait appris la mort de son père.

Pour tout cela, oui, et parce qu'il se voyait embarqué pour une drôle d'aventure au milieu des cathos, il avait obtenu, avant que de s'engager définitivement, de pouvoir partir deux mois pour Israël. Il y avait Jérusalem, bien sûr, les lieux saints, mais c'était un prétexte. Le but premier était d'aller au Sinaï. A pied. Tout seul. Adviendrait que pourrait.

Bizarrement ça n'avait pas été si facile, de partir.

C'était trop tôt ou trop tard. Après la joie de ses débuts dans la prière, il s'était trouvé sec pendant des éternités. Ce qu'il avait cru découvrir, après tant d'années d'attente, d'errance et de recherche, s'était comme dérobé sans crier gare. Plus rien. Ni joie, ni émotion, ni même simple intérêt. L'ennui. Le vide. Le noir. Tout le bonhomme, qui s'était imaginé renaître à l'espérance, était retombé comme un soufflé. A tel point qu'il était resté chez lui une semaine entière avant de pouvoir décoller. Sans être capable de rien d'autre que fumer, lire des B.D. et des polars, boire, dormir, vautré, inerte, immobile, mou. Prendre un train pour Venise, un bateau pour Haïfa, avait nécessité un effort difficile à imaginer. Éprouver une quelconque émotion au spectacle de la mer, des levers et couchers du soleil sur la mer, des goélands qui dansaient sur la mer, de l'air vibrant autour des colonnes du Parthénon lors de l'escale au Pirée, ou même au charme des gentilles minettes qui partaient pour trois mois de kibboutz et qui le prenaient pour un vieux routier, il n'en était pas question. Il avait arpenté, pour la deuxième fois de sa vie, les ruelles de Nazareth, perplexe devant l'étonnante, luxueuse, incongrue basilique édifiée par des franciscains mégalos, sans ressentir quoi que ce soit ressemblant à du plaisir, ni même à un vague intérêt poli. Bien sûr, il faisait les gestes, s'était fait enfermer dans la monstrueuse église pour tenter de prier en silence à l'heure où les pèlerins normaux faisaient la sieste; il était resté inerte dans la grotte de l'Annonciation le temps de s'apercevoir que c'était précisément à cette heure-là qu'on y passait l'aspirateur; et il en était reparti convaincu que l'endroit où le Verbe s'est fait chair était le dernier où l'on pouvait se recueillir en silence. Mais le cœur n'y était pas.

Veillait pourtant la Providence. A Jérusalem il avait renoué avec Murray, Mary, Heather, des anglicans, complices d'Abhis, rencontrés en Inde lors du grand périple. Des cas. Quelque trente ans auparavant, envoyés comme missionnaires par leur Église, ils étaient arrivés là-bas avec leur Évangile, leur parapluie et leur chapeau melon. Comme leur premier poste était voisin de l'ashram de Gandhi ils avaient vite compris qu'avant d'espérer apporter quoi que ce soit à ce peuple, ils avaient eux-mêmes beaucoup à apprendre. Aussi s'étaient-ils mis à l'école, vivant à l'indienne, en communauté minuscule, dans des locaux si pauvres que les franciscains eux-mêmes n'en avaient pas voulu après leur départ. Gilles se souvenait de murs de briques, de tôles ondulées, d'une chapelle dont la paroi du fond, en verre blanc, donnait sur la jungle.

Après bien des années ils s'étaient aperçus que leur expérience attirait, à leur corps défendant, plus d'Européens que d'Indiens, et ils s'étaient décidés à partir. Murray, Mary, Heather, passionnés d'unité, de réconciliation, d'œcuménisme, avaient de quoi faire à Jérusalem. Non contents de travailler à jeter des ponts entre les représentants de quelques dizaines de confessions chrétiennes, généralement fraternels dans l'absolu et distants dans le quotidien, ils essayaient de faire se rencontrer des juifs, des musulmans et des chrétiens. Pour simplifier les choses et trouver un terrain neutre, ils organisaient des réunions zen. Libre, Murray, au milieu des conflits, idéologies, systèmes, un rire d'enfant dans un corps de British, une soutane ocre délavée.

Il y eut des jours de grâce. Dans le désert de Juda, par exemple. Ils étaient allés visiter un monastère orthodoxe, perdu au fond d'une gorge, où Murray avait ses entrées. Il avait fait arrêter le bus en plein bled, dans un moutonnement de collines sèches, blondes, nues. L'air frémissait, comme au-dessus d'un four. Murray avait relevé le bord de sa tunique, l'avait coincé dans sa ceinture, dévoilant des jambes blanches et velues. Sur sa tête il avait déployé un mouchoir, surmonté d'un chapeau de paille à larges bords. De petits binocles noirs, une besace en ruine et sans couleur. Il avait regardé Gilles, vêtu lui-même d'un jean troué, d'une chemise déchirée, coiffé d'un *keffieh,* rouge de coups de soleil, suant, soufflant et ahanant dans ce décor de beauté pure, et il avait demandé :

– Well, Djill, jeuw meuw deuwmande leuwquel est le plous ridiculous de nouw deuw? Je croiw quew c'est vouw!

Et il était parti d'un rire qui remplissait l'espace et le désert, d'un rire où passait tout le bonhomme, d'un rire venu du fond de l'être, de plus loin que le ridicule, de plus profond que le simple plaisir, du rire d'un homme de cinquante ans qui a gardé son rire d'enfant, d'un rire d'homme vrai, d'un rire d'homme libre. Gilles en était resté bouche bée.

Bref, orthodoxes russes, grecs, roumains, catholiques, anglicans, protestants, juifs, musulmans, Gilles avait fréquenté des lieux saints qui n'étaient pas en ruine. Chaque jour commençait par la messe et la méditation, tous en *lotus* dans l'oratoire, suivant la liturgie mise au point en Inde, avec offrandes de fleurs, de parfums, de silence, un régal. Chaque jour était marqué de rencontres, de découvertes, Gilles se laissait porter, guider, émerveiller.

Cela dit, quand il parlait du Sinaï, les gens les mieux disposés hochaient la tête, effrayés ou apitoyés. Pas question de se lancer seul et à pied, vous n'y pensez pas! Attention à ci, à ça, vous allez vous perdre, vous dessécher tout vif, rencontrer des serpents, scorpions, frelons, d'ailleurs c'est dans la Bible, regardez, Dt VIII,15, *le pays des serpents brûlants et des scorpions*. Gilles écoutait poliment, faisait oui, oui, n'insistait pas, les raisonnables pouvaient bien raisonner, il n'en avait cure, c'était son Sinaï à lui qui l'appelait.

Un bus pour Eilat, un autre pour Sharm-el-cheikh. Quelques Européens allaient voir les coraux, se rôtir au soleil, chercher l'aventure en maillot de bain. Ils dormaient dans leur bus au milieu des splendeurs. Gilles, le nez écrasé à la vitre, écarquillait les yeux. Son cœur battait. Il arrivait chez lui après un long voyage.

En principe on n'allait pas plus loin que Sharm. Restait pourtant à remonter la côte ouest sur une centaine de kilomètres, jusqu'à Abou Rodeis, d'où partait la piste menant au Sinaï. Aucun bus ne passait par là. Gilles s'en fichait. On verrait bien. Qui dit route dit véhicule. Quitte à sécher quelques jours au soleil.

C'est alors qu'au bout du monde, par quarante à l'ombre, un bon ange déguisé en pied-noir baroudeur et barbu le tira d'embarras. Il avait installé une échoppe à hamburgers tout à la pointe de la presqu'île et lui annonça, comme la chose la plus naturelle du monde, que si, il y avait un bus qui partait pour Abou Rodeis, deux heures plus tard, tu vois l'arrêt là-bas, juste après le camp militaire.

Le bus était à l'heure. Il n'y en avait qu'un par semaine. Et là, il n'y avait plus de touristes.

A Abou Rodeis, autre problème. Une bande de désert plat s'étendait, sur une journée de marche, entre la côte et la montagne. Une véritable enclume sous le soleil. Pas moyen de se lancer là-dedans. Problème résolu aussitôt que posé : un tour organisé, moyennant finance, le conduisit jusqu'à Feiran.

Et de Feiran Gilles avait continué à pied, avec deux gourdes minuscules, le *keffieh* acheté à Damas quelques années auparavant, son sac crasseux, son pantalon percé, sa chemise déchirée, transpirant, courant presque dans le désert, la musique de Lawrence d'Arabie dans la tête, un grand rire dans le cœur. Heureux. Libre. Seul.

Il était chez lui. Il naviguait dans la splendeur. Des musiques insensées montaient en lui, gonflaient, jaillissaient, ruisselaient. Il longeait la piste assez loin, foulait un sable clair, détaillait les roches, les épines, souriait aux montagnes roses, veinées de vert et de violet, l'immensité était en lui.

La première nuit fut nuit de veille, sous des cataractes d'étoiles. Il faisait chaud. Il était nu dans le désert comme dans le ventre d'une mère. Tranquille, avec sa solitude, infiniment moins seul, d'ailleurs, qu'au milieu de ses frères. Et il priait sans mots, sans savoir qu'il priait.

Et le premier matin, alors que le soleil montait tout rouge devant lui, dans un silence recueilli, il avait rencontré un puits vide. Et puis, tout à fait incongrues, trois caisses de Coca-Cola, cachées sous une bâche, en prévision d'éventuels touristes. Puis des bergères bédouines, qui avaient fui. Puis une oasis imprévue. Et des chameaux étaient à l'abreuvoir. Et les Bédouins les avaient écartés pour lui permettre de puiser. Et ils l'avaient prié à déjeuner. Avec dix mots d'anglais et trois d'arabe ils avaient discuté une partie de l'après-midi. Eux n'étaient pas surpris qu'on puisse marcher dans le désert. Gilles était reparti après l'heure chaude, avait passé la deuxième nuit au pied d'un *marabout,* tout seul encore, et moins seul que jamais.

Il était arrivé au monastère le troisième jour. Les moines l'avaient bien accueilli, eux qui n'avaient pas la réputation d'être très hospitaliers. Et il était monté sur la montagne et y était resté, au point culminant de son rêve, seul encore, seul toujours, au milieu d'un océan de sommets empourprés, de vagues de montagnes ruisselant jusqu'à l'horizon.

Là non plus, pas de tremblement de terre, de feu, ni d'ouragan. Rien que la création nue, un jardin de rochers, de crevasses, des masses de couleurs dures, brutes, la transparence de l'air, et la nuit les étoiles tournoyaient. Rien. Du beau pétrifié, minéral, immobile, silencieux. Et le chant de la vie au cœur de Gilles, invincible, triomphant, une paix dense, compacte, profonde infiniment, vertigineusement.

Au retour il avait coupé à travers le désert pour rejoindre la côte est. Deux jours de sec, de nu, de cailloux, sans oasis, sans source. Au moment propice, au plus chaud du jour, alors que ses gourdes étaient à peu près vides, alors qu'il ne savait plus rien, ni de lui, ni de Dieu, ni de demain, ni de pourquoi, alors qu'il rissolait sans eau ni peur au pied d'un tamaris à l'ombre chiche, un Bédouin lui était apparu, lui avait donné l'eau, l'eau de son outre en peau de chèvre, la meilleure eau qu'il devait jamais boire. Il avait atteint la côte le soir, dormi avec des Américains gentils et leurs compagnes obèses, nourries au beurre de cacahouètes. Un chameau curieux était venu les renifler et était reparti dégoûté. Gilles était remonté à Jérusalem, il y était resté quelques jours, le temps de raconter ses aventures, de constater qu'il avait repris goût à la vie, puis il était reparti pour la France, en bateau jusqu'en Grèce, puis en stop, prêt à tout. La larve somnolente qui avait quitté Paris deux mois auparavant était revenue de Corinthe avec vingt francs en poche. Encore en avait-il dépensé les trois quarts le soir même pour une assiette d'agneau rôti. Tranquille, Gilles.

L'ÉCOLE Sainte-Pélagie était proche du presbytère, de l'autre côté de la place. Elle était très recherchée, les listes d'attente étaient longues. Quelques petits futés, ou croyant l'être, demandaient parfois aux prêtres de les recommander, mais c'était dérisoire.

Au départ Gilles ignorait, bien sûr, ce que pouvait être une école libre. L'idée, en soi, ne paraissait pas mauvaise. Que des chrétiens souhaitent trouver des lieux où, dans le cadre scolaire, on aide les enfants à découvrir le Christ n'était certes pas chose blâmable.

Et puis le directeur était intelligent, ouvert, et calme. Il y croyait, à son affaire. Il faisait le maximum pour que l'école participe à la vie de la paroisse et travaille même, le plus possible, en collaboration étroite avec l'aumônerie des établissements publics. Tout cela était bien sympathique.

Mais Gilles commença vite à se poser des questions quant à l'absentéisme des parents aux réunions prévues pour eux dans le cadre de la catéchèse. On lui expliqua qu'en réalité une minorité de gens mettaient leurs enfants à l'école pour des raisons de foi. Que, parmi ceux-là, un bon nombre comptaient sur l'école pour former les enfants sans vouloir s'impliquer eux-mêmes. Que ceux qui s'impliquaient étaient le plus souvent de sensibilité traditionnelle, mal à leur aise dans les formes prises par la catéchèse actuelle et la pastorale prônée par le diocèse. Bref, l'école était terre de mission et avait droit, à ce titre, à une sollicitude toute particulière de la part du clergé. Dans un premier temps il ne put qu'abonder dans ce sens.

Les quelques malheureuses responsables de la catéchèse avaient en effet bien du fil à retordre avec tous ces enfants aux parents si peu motivés. Elles se mettaient en dix, ramaient contre vents et marées contre l'indifférence ambiante. C'était le rocher de Sisyphe, le tonneau des Danaïdes, mais rien ne les rebutait. Le paradoxe naissait pourtant de ce que tous ces enfants originaires de milieux non « porteurs » se trouvaient ainsi enseignés par des dames ou des messieurs de sensibilité on ne peut plus conformiste et, de ce fait, les moins bien placés pour éveiller leur intérêt à une recherche personnelle véritable et profonde. De là à dire que tous ces efforts et toutes ces bonnes volontés servaient, en réalité, d'une part à donner bonne conscience à celles qui s'y consacraient, et d'autre part à donner une teinture de religion à des gosses qui n'en voulaient pas, frayant ainsi la voie à une indifférence comparable à celle de leurs parents, il n'y avait qu'un pas. Rares étaient ceux qui osaient le franchir. Gilles lui-même mit du temps à cerner l'origine du malaise qu'il éprouvait.

Il réagissait pourtant violemment lorsque des catéchistes en manque d'inspiration lui amenaient les enfants en rangs par deux à la messe de semaine. Voir ces bambins assister passivement à une liturgie qui n'était pas prévue pour eux, attendre la fin de ces discours et ces prières d'adultes à quoi ils ne comprenaient goutte lui levait le cœur. Comment aurait-il pu le dire? On lui rétorquait que le Christ avait dit de laisser venir à Lui les petits enfants.

Et puis vint le jour où le directeur, connaissant son penchant naturel à parler de ces choses, lui demanda s'il pouvait initier à la prière des jeunes de quatrième-troisième. Débordant de bonne volonté, le vicaire accepta. Lorsqu'il comprit que pour remplir cette mission il devrait profiter du laps de temps resté disponible entre la fin des cours et le départ des cars de ramassage, il crut à une plaisanterie. Mais il lui fut démontré par A + B, et d'autant plus aisément que le directeur était prof de maths, qu'il n'y avait pas d'autre « plage » disponible.

A l'essai, ce ne fut pas si mal que ça. Si l'on passait sur les bruits de la cour, l'excitation des jeunes, leurs arrivées échelonnées, le choix nécessaire et délicat entre un enseignement théorique indispensable et un temps de prière proprement dit, il fallait reconnaître qu'on aurait pu utiliser plus mal ces douze à treize minutes hebdomadaires. Et puis, ces adolescents-là étaient davantage victimes que coupables d'un système qui leur laissait si peu de temps à consacrer à une recherche spirituelle digne de ce nom. Ils semblaient profiter au mieux de ces quelques pauvres miettes de temps arrachées aux choses sérieuses et à l'agitation du quotidien de leur vécu, comme disaient certains grands. C'est égal, pensait Gilles, douze minutes par semaine, c'est quand même ridicule.

A la Confirmation ce fut pire. Il eut droit à trois quarts d'heure pour éveiller et initier les jeunes à la vie spirituelle. Des jeunes dont le directeur pouvait bien affirmer qu'ils faisaient là une démarche personnelle et libre vers le sacrement de l'âge adulte des chrétiens, leur silence et leur inertie criaient à l'évidence qu'ils étaient téléguidés par leurs familles. Une conférence époustouflante sur le Suaire de Turin, avec projection de diapos sanguinolentes à souhait, présentée par une dame encore jeune aux gènes militaires évidents, eut beaucoup plus de succès. La dame ponctuait les photos d'un refrain énergique du genre : « Voyez comme Il a souffert pour nous! Qu'est-ce qu'on doit L'aimer et faire de sacrifices pour compenser un peu et racheter tant de souffrance! » Les jeunes étaient bouche bée. Gilles aussi. Il n'osa pourtant pas exploser. Trop nouveau dans ce ministère. Trop gentil. Trop froussard. Tout cela commençait pourtant à l'horripiler.

Plusieurs fois par mois la messe du dimanche était supposée être animée par une chorale d'enfants. Cela signifiait que la fondatrice de ladite chorale y allait de son répertoire sans trop se soucier de la liturgie. Que son groupe se bornait à chanter lalalère pendant qu'elle fonctionnait en soliste. Qu'elle-même participait d'un style résolument moderne et sentimental (« Ceux qui font leur cœur sous eux », disait Marie Noël) qui heurtait violemment la sensibilité du vicaire (mais était-ce une raison pour s'opposer à ces animations?). Bref, que ces messes étaient de celles dont il ressortait encore plus triste que de coutume. Progressivement il réduisit sa participation aux activités de l'école.

Une école « libre », il en aurait attendu qu'elle éduque à la liberté. Ni les prestations de ces chers petits lors des fêtes annuelles, ni les réponses toutes faites des plus grands lors des retraites de Professions de Foi, ni l'attitude générale des parents, tout aussi soumis aux impératifs de la vie sociale, esclaves du confort, et prisonniers du jugement des autres que de parfaits païens, ni celle de leur progéniture, ces gentils enfants sages de familles comme-il-faut, enfants de chœur, scouts et guides de diverses tendances, rien de ce petit monde, par ailleurs tout à fait estimable et même sympathique, mais petit, justement, si petit et se prenant pour référence, non, rien de tout cela ne lui avait jamais donné la moindre impression de liberté, mais plutôt celle d'un élevage en batterie pour innocents mis sur des rails, guidés d'autorité vers des régions privilégiées aux yeux du monde. Avec le label chrétien en plus.

Une école catholique, il aurait voulu croire que c'était un endroit révolutionnaire où les valeurs évangéliques, pauvreté, humilité, douceur, auraient eu droit de cité, au moins autant que les valeurs du monde païen. L'image qu'il conserva fut celle d'un établissement où, dans les meilleures conditions, on apprenait à ces jeunes à « réussir », à « arriver », dans une civilisation fondée sur l'esprit de domination et de puissance, c'est-à-dire sur le contraire de l'Évangile. Quitte à s'efforcer, en plus, d'inoculer à ces malheureux quelques croyances religieuses, soigneusement aseptisées, quelque chose comme un vaccin leur évitant le risque d'attraper la Folie de la Croix.

POURQUOI était-il devenu simple prêtre? Pourquoi pas missionnaire, ou moine, perdu dans l'attente et le vide et le feu, loin du monde et du bruit? Il ignorait tout des communautés chrétiennes « normales », il n'avait rencontré que des marginaux, poètes de la Foi, mystiques, pourquoi chercher du « tout terrain »?

Lui-même n'avait jamais très bien su répondre. C'était une espèce d'évidence. Il lui avait semblé que cela l'attendait depuis l'éternité. Sans doute y avait-il des vestiges de son admiration de gosse envers l'aumônier du lycée. Mais également, et quoi qu'en ait pensé l'abbé H. qui l'avait d'abord orienté sur un monastère, il ne s'était jamais tellement vu dans une communauté contemplative. Quitte à être seul avec le Seul, autant se faire carrément ermite. Et puis, même s'il avait du mal à se l'avouer, il avait besoin des autres et besoin de bouger. Alors, prêtre, disait-il avec les mots de la tribu, pour se mettre au service de ses frères.

Pour les aider à chercher Dieu, ce Dieu qu'il n'en finissait pas lui-même de chercher, ce Dieu mystérieux, présent, absent, volatil, si proche avec le Christ, lointain vertigineusement, silencieux, ce Dieu crispant, exaspérant, dont on ne pouvait se passer mais avec qui on ne pouvait vivre non plus.

Après un mugissement de grandes orgues, le supérieur s'était levé, avait dit à l'évêque que l'Église proposait Gilles à l'ordination. L'évêque avait demandé si le candidat avait les aptitudes requises. Le supérieur avait dit oui. Gilles avait pensé qu'il connaissait son métier. Lui s'était proposé, c'était l'Église qui jugeait. Il est vrai qu'au séminaire il n'avait pas fait partie des poids morts. Qu'il priait sans contention, comme disait le jargon ecclésiastique. Qu'il avait étudié à peu près sérieusement. Que son contact avec les êtres n'était pas trop désagréable. Était-ce cela, avoir les aptitudes requises? En théorie, sans doute. Dans la pratique l'évêque aurait pu dire qu'il lui fallait des percherons.

Prêtre, pourquoi? On le lui avait demandé pour le journal local, et il avait concocté un joli texte, lyrique et familier, une langue un peu neuve pour cette feuille de chou, tout le monde avait trouvé ça bien, tout le monde trouvait bien, quand un prêtre arrivait à terme.

Il en avait quand même trop vu. Il débordait du cadre. Les coreligionnaires avaient trouvé cela intéressant. Ils avaient cru qu'il s'y ferait. Ou ils n'avaient rien cru du tout. Et d'ailleurs, il s'était tenu tranquillement dans l'ennui pendant deux ans. Jusqu'au jour où il avait pris conscience du fait qu'il n'accomplissait que par pures obéissance et routine, et presque même par mortification, un ministère et des tâches apostoliques auxquelles tout le monde avait l'air de croire, sauf lui. Il s'était cru appelé à porter un message de Vie, d'Amour, de Vérité, de Liberté, avec des majuscules partout. Et ses clients habituels lui demandaient à peu près le contraire, des assurances morales et spirituelles, une caution, une bénédiction pour continuer, vaille que vaille, une routine sans ambition, pour conjuguer l'Idéal évangélique et la Sécurité sociale. Enfants de Dieu, répétaient-ils, Témoins, Apôtres dans l'absolu, en charentaises dans le quotidien.

Aussi les mots de la Foi lui étaient-ils devenus pénibles à prononcer, plus encore à entendre. Ils lui paraissaient déformés, avilis, sans âme, lorsqu'il les recevait de plein fouet de certains paroissiens et confrères. Cela lui évoquait Luc Dietrich et sa concierge :

« Dépenaillée, dépoitraillée, répandue, elle me demanda, la bouche usée et l'œil salace :

« – Eh bien? Et ce gros chagrin?

« Je contemplai mon gros chagrin descendu de bouche en bouche jusqu'à celle-ci.

« Il ne me tourmenta plus, mon gros chagrin; il me dégoûta. »

De la même façon, les mots de la passion qui l'habitait, récités sans passion par les habitués de la Bonne Nouvelle, lui étaient devenus repoussants. Certains perçurent un malaise. Ils crurent y remédier en le mettant au service de l'aumônerie.

III

On n'entendit plus la source à cause du vacarme et des voix qui disaient : la source, la source.

J. Sulivan

L'ÉVÊQUE avait bien insisté. Gilles était au service de la paroisse et non à celui de l'aumônerie de l'enseignement public. Le précédent aumônier avait mis en place une équipe de laïcs qui devait se suffire à elle-même. Un confrère se déplacerait pour les tâches proprement sacramentelles. Il fallait aider les laïcs à se prendre en main, à devenir adultes, à s'affranchir de la tutelle du clergé. La présence permanente d'un prêtre freinerait cette évolution indispensable.

Dès le début il s'était étonné de cette apparente coupure entre paroisse et aumônerie. Il semblait que cette dernière eût drainé les forces vives de la communauté chrétienne, regroupant les gens de dix à cinquante ans, la paroisse se contentant des autres. Et entre les deux il n'y avait guère de ponts.

Tout de même, au terme de cette première année, eu égard aux résultats de l'expérience, on lui demanda de mettre un peu son nez dans l'institution en question. Selon l'aumônier diocésain, un jeune loup brillant et dynamique, cela lui permettrait de sortir un peu de ce milieu étroit qu'était la paroisse et de s'aérer au contact des jeunes. Et puis les animateurs, généralement remarquables, si, si, avaient besoin que la présence d'un prêtre à leurs côtés cautionne leur action, pas toujours bien perçue par les consommateurs passifs de Professions de Foi. Et puis ils avaient peut-être aussi besoin qu'on les aide à travailler un peu ensemble, à faire un peu équipe, à faire un peu église.

En revanche, selon les animateurs eux-mêmes, c'était sur leur demande qu'on l'avait appelé, parce qu'il était sympathique et ouvert, et qu'il avait un bon contact avec les jeunes. Et puis c'était effectivement un service à lui rendre que de le sortir de cette paroisse somnolente où rien ne se passait.

Et enfin, selon le vicaire épiscopal local qui, dans sa jeunesse, avait été aumônier là, c'était tout simplement le bazar, cette aumônerie, et il convenait d'y remettre de l'ordre.

Bref, ils étaient tous d'accord. Il était l'homme de la situation.

Lui-même n'y croyait pas trop. Ce qui le motivait, dans cette histoire, c'était surtout le fait de côtoyer des jeunes et d'essayer de rapprocher ces deux entités séparées, paroisse et aumônerie.

Régnait alors sur le monde du premier cycle

un étonnant quarteron d'animatrices de haut vol, qui avaient suivi une formation de Responsables d'Animation de Catéchèse. Fortes de cette expérience, et du fait qu'on leur y avait seriné que cela leur donnait une compétence, qu'il était nécessaire que laïques et laïcs ainsi formés prissent des responsabilités, elles se dépensaient sans compter pour faire fonctionner leur affaire, écartelées entre la masse des parents qui se désintéressaient de la question, attendant seulement la Communion de leurs gamins, et le trop petit nombre de catéchistes acceptant de se former. Sans compter les équipes qu'elles animaient elles-mêmes, la préparation des « temps forts », rassemblements, messes de jeunes, etc. Ce qui émanait d'elles était le dynamisme, le dévouement, la générosité sans faille.

Et le bruit. Car elles étaient bavardes, disons-le, comme des pies. Et ne le savaient pas.

La plupart, en effet, n'exerçaient pas d'activité salariée. C'était à les entendre un choix délibéré, destiné précisément à leur permettre de se consacrer bénévolement à des activités de service, et de service d'Église en particulier. Mais malgré ces activités variées, nombreuses et altruistes il leur restait encore beaucoup de temps pour papoter. Les réunions duraient des heures, dans un concert de voix perçantes, quelque chose comme celles des oiseaux marins sur leur falaise au moment des amours. En moins gracieux. Et en plus bruyant. A ce compte-là, effectivement, elles étaient très vite débordées et vivaient dans le sentiment permanent de se donner à fond, sans réserve, à l'évangélisation des jeunes.

Leur grand drame était l'incompréhension des parents d'élèves, et leur manque de motivation. Ce n'était pas faute, pourtant, d'expliquer et réexpliquer sans trêve le sens de leur action, de réciter à s'en rendre aphones le discours appris à la Formation! Comment leur reprocher de ne pas y mettre de bonne volonté? On les aurait fort étonnées en leur disant que, malgré tous leurs efforts, ce qu'on percevait d'elles n'était pas forcément engageant. Car elles parlaient beaucoup. Mais pas la langue de tout le monde.

Cercle vicieux. D'une part on ne pouvait se passer d'elles, puisqu'elles seules étaient disponibles. Mais d'autre part, quelle image de l'Église pouvaient-elles donner aux jeunes et à leurs parents, sinon celle d'une institution essentiellement féminine? Avec les meilleures intentions du monde et le meilleur « parcours catéchétique » possible, comment les enfants auraient-ils pu percevoir la religion autrement que comme une occupation bizarre de bonnes femmes au foyer? La question était grave et débordait largement le cadre de cette aumônerie particulière. En attendant il fallait faire avec.

Ce qui frappa immédiatement Gilles, ce fut, derrière la bruyante façade de parlote et d'activisme, une ignorance et un désintérêt quasi absolus pour une recherche spirituelle personnelle, véritable. Une frousse bleue devant le silence, la pauvreté. Il semblait qu'il fallait à tout prix masquer, combler un vide effarant. La prière? Oui, en faisant mon jogging, disait l'une. De toute manière, c'est pas pour moi, surenchérissait l'autre. Moyennant quoi elles ne rechignaient pas à animer des messes où l'on célébrait tous ensemble ce que l'on avait découvert et vécu, à grand renfort de témoignages, de lectures, de prières et de chants. De bruit, quoi, pensait Gilles.

Il aurait voulu leur dire : « Arrêtez tout ça, venez à l'écart et reposez-vous un peu. Prenez d'abord le temps de vivre. Trouvez en vous-mêmes un sens, une joie, cessez de vous accrocher les unes aux autres et, toutes ensemble, à des mots. Cessez de réciter avec componction des phrases toutes faites, l'air pénétré et le regard vide. Qu'est-ce que cela signifie vraiment pour vous, " le Christ est Seigneur, Sauveur ", la " Bonne Nouvelle ", tous ces termes dont vous vous gargarisez? Cessez de faire semblant, mes sœurs, mes filles, aux yeux des autres et à vos propres yeux, affairées sans rien faire, disait déjà saint Paul. Cessez de vous noyer dans votre agitation, dans vos bavardages insensés, de cacher votre peur panique devant l'insignifiance de vos vies, soyez vraies, soyez vous-mêmes, osez, avec vos splendeurs, avec vos pauvretés... » Mais ç'aurait été un langage incongru, voire rétro, le péché capital.

Au conseil d'aumônerie, on étudiait gravement

les questions de plomberie et d'électricité. On remplissait les agendas d'autres activités et d'autres réunions. Au cours desquelles on préparait des « temps forts », des messes, des Professions de Foi. On ressortait le plan de ce qui s'était fait les années précédentes, on l'enjolivait de quelque idée toute neuve venue de l'évêché. L'aumônier débutant, noyé dans la logorrhée, tâchait bien de saisir le moment psychologique pour émettre, lui aussi, un avis, ou soumettre une idée. Ce n'était *jamais* le moment. On allait faire comme ci, on allait faire comme ça, comme on avait fait l'autre fois, c'était super, les enfants étaient ravis, n'est-ce pas, Gilles, n'est-ce pas, Gilles? Ici aussi on ne lui demandait que de dire « Amen » et bénir.

Juste retour des choses, pensait-il. A la messe, c'est à peu près la seule chose qu'on leur laisse dire, aux laïcs, « Amen ». Il connaissait la ritournelle, les curés avaient trop dirigé, il était temps que les autres prennent leurs responsabilités, n'est-ce pas, Gilles, n'est-ce pas, Gilles?

Mais quand venaient les Professions de Foi, quand, après avoir animé, tiré, poussé à hue et à dia tous ces enfants plus ou moins consentants, les animatrices se retrouvaient à la célébration, leur regard, si souvent distrait ou inexpressif, en disait plus à Gilles et aux enfants que les déclarations d'intention les plus belles.

PAS plus misogyne qu'un autre, Gilles. Pas moins non plus, probablement. C'est par les femmes qu'il avait rejoint le troupeau. Il en convenait lui-même, et de bonne grâce. Mais celles qui hantaient ce lieu le déroutaient.

Brunehaut gouvernait. Chaleureuse, expansive même, gaffeuse aussi, un mari militaire, plusieurs garçons dans le vent, au front pur et au regard clair. Depuis toujours engagée dans les mouvements d'Église, scouts, guides, équipes de foyers, groupes d'étude, de réflexion, un pedigree irréprochable. Sportive, dynamique, ski l'hiver, natation l'été, marches, capable d'improviser un repas pour quinze. Il y avait toujours des jeunes à la maison, les cousins, les cousines, les copains des enfants. Elle régnait sur ce petit monde avec la bonhomie et la fermeté de ceux qui ont tout vu. Elle s'occupait de l'aumônerie depuis deux ou trois ans, style je-suis-catho-faut-que-ça-se-voie, mais catho-décontract, hein, on peut avoir la Foi et être normal, sain, on n'aime pas les gens coincés, *un saint triste est un triste saint,* a dit Thérèse d'Avila, et elle a bien raison. D'ailleurs, les jeunes, ils aiment ça.

Gentille et pas compliquée. Elle était chez elle à l'aumônerie, rentrait, sortait, à n'importe quelle heure, sans s'annoncer, *ne te dérange pas, je ne fais que passer...* Quand Gilles essayait de lui faire comprendre qu'un beau jour elle le trouverait sous sa douche, elle lui répondait en riant que cela ne la gênerait pas, qu'elle avait cinq hommes à la maison, et que.

Frédégonde était moins expansive. A côté de sa comparse, elle faisait figure d'intellectuelle. Elle avait, elle aussi, suivi une formation de responsable d'aumônerie. Elle en avait déduit qu'elle savait. Qu'elle pouvait. Et que les autres non. Et que c'était à prendre ou à laisser. Beaucoup laissaient, avant même d'avoir essayé, refroidis par un tel accueil. Elle n'en avait cure. De toute façon les gens ne comprenaient rien. Ils consommaient de la religion. Heureusement qu'elle avait appris à aller plus loin. Pour faire de l'animation, la bonne volonté ne suffisait pas. Il fallait une formation. LA Formation. Celle qu'elle avait suivie. Faute de quoi on trimbalait des idées délirantes. Gilles l'avait entendue parler sur ce sujet pendant une heure d'affilée lors d'un tête-à-tête où il n'avait pu placer un mot qu'en lui coupant la parole. Ce qui n'était pas bien élevé. Mais en fait, son attitude était cohérente : elle savait toutes les réponses. Qu'avait-elle besoin d'entendre les questions?

Et puis, il y avait Caroline, lente à décider, lente à imaginer, lente à réaliser, le faire-valoir des deux premières. Elle aussi avait suivi la fameuse formation, et en avait tiré la même conclusion. Elle était capable de prendre des responsabilités et de discerner qui pouvait ou non faire de l'animation. Lorsque Gilles commença à faire confiance à des gens non formés, sur des critères qui n'étaient pas les siens, elle connut le doute. Ponctuellement elle lui écrivait d'interminables lettres de doléances. Il y répondait, tant bien que mal. Ça ne servait pas à grand-chose.

Et puis Delphine, qui, elle, était parfaite. Qui avait besoin de se réaliser, de se donner à une cause. Tout ce qu'elle faisait était bien fait, organisé, achevé dans les temps et dans les détails. Les jeunes étaient ravis. Ils en redemandaient. Comment aurait-on pu critiquer? De la vie? C'était un peu vague. Gilles n'était pas à l'aise. Était-ce une raison pour la décourager? D'ailleurs, elle était si sensible, Delphine! La moindre contrariété la rendait malade. Il aurait fallu avoir un cœur de pierre pour la freiner. Gilles n'avait pas un cœur de pierre.

Naïf, Gilles, qui n'avait pas encore compris que tout ce petit monde attendait avant tout sa caution. Chacun, chacune souhaitait essentiellement pouvoir faire sa petite soupe sur son petit feu dans son petit coin. Avec une ou deux copines et la bénédiction du prêtre. Tout le reste était de surcroît. Et rien de tout cela n'était vraiment conscient.

LE temps passa. Gilles découvrit, sous le crépi religieux de ces façades, sous les sourires sincères et menteurs à la fois, d'étonnants paradoxes.

L'une de ses équipières, si fière d'avoir suivi une formation en catéchèse, se révélait capable de faire attendre des enfants de dix ans, dans la rue, en hiver, jusqu'à ce que le groupe fût au complet. Ceci pour éviter les allées et venues, le bruit, les courants d'air. Certain jour où l'un d'entre eux vint à manquer sans avoir prévenu, tous ses petits copains poireautèrent dans le froid jusqu'à la fin de l'heure.

Telle autre, scandalisée, vint le mettre en garde contre une étudiante qui avait mal tourné. Elle avait d'abord montré toutes les qualités, puisque, nouvelle venue dans cette ville, elle avait demandé à s'occuper de jeunes. Mais elle avait aussitôt détourné le fils aîné de ladite animatrice-chef, un magnifique puceau de vingt-cinq ans, qui faillit ensuite tomber dans l'illuminisme pour expier sa faute. « Tu comprends, Gilles, disait la mère, je suis peut-être vieux jeu, mais je considère que l'acte sexuel ne trouve son sens et son accomplissement que dans le cadre du sacrement de Mariage. Et elle veut faire de l'aumônerie! » Gilles était au courant. Mais ne pouvait décemment dire que les choses n'étaient peut-être pas si simples. Qu'il ne croyait guère plus à la gravité du péché des jeunes qu'à la valeur des vertus de sa catéchiste. C'était pourtant plus fort que lui : il était plus à l'aise avec les pécheurs *vrais* qu'avec les vertueux par principe. Cette femme avait probablement raison. Mais sa manière d'avoir raison, de s'offusquer, de s'insurger, lui paraissait bien proche de celle des scribes et des pharisiens.

« T'as pas tout vu, disait Bernard, un autre aumônier, genre écolo-baba-cool. J'en connais, moi, qui veulent totalement ignorer que leur fils a une copine. En plus, il s'agit de la fille de voisins proches, pas cathos donc pas fréquentables. J'ai vu les gosses se balader à longueur de dimanches après-midi, en plein hiver, dans le quartier moderne, là où il n'y a rien, pas un café, pas même un abri-bus. Ils se connaissent depuis toujours, sont amoureux depuis l'enfance, c'est beau, non? Les parents s'en fichent. Ils sont cohérents avec eux-mêmes. Leur fils a l'âge des études. Faut qu'il réussisse. Son éveil affectif, la découverte de ses sentiments, de ses désirs, c'est second, à côté, déconnecté. Il est trop jeune. La fille, elle n'existe pas. Veulent pas le savoir. Mais tout de même, quand ils ont offert un convertible à deux places au gamin pour meubler son studio à Paris, ils ont su la trouver pour lui demander d'en payer la moitié! A part ça, ils font de l'aumônerie, ils ont suivi des formations. »

D'accord, Gilles n'avait pas vu ça. Mais il avait vu chahuter à longueur de séances une équipe de jeunes chez son animateur-vedette, et lui permettre à peine de placer à la fin son petit couplet édifiant, histoire de justifier la chose. Il en avait vu d'autres, mornes et ennuyés, attendre patiemment la fin de l'heure, écouter en silence les discours de leur foyer d'accueil, de braves gens au demeurant, qui récitaient des théories fort belles qu'ils appelaient leur Foi, contents de travailler à l'évangélisation des jeunes, fiers d'avoir été formés à cela et d'avoir payé pour, sans entrevoir un seul instant qu'ils frayaient la voie à une indifférence totale en matière de religion.

« MOI, disait Gertrude, j'en ai rien à faire de leurs salades. Elles passent leur temps à discuter, à se raconter les mêmes histoires, toujours. Du bruit. De l'air, elles font. Et à côté de ça, elles récitent le caté avec des mots qu'on leur a appris, comme si ça suffisait. Qu'est-ce que ça veut dire, Dieu, Seigneur, Sauveur? Je ne sais pas, moi. Je crois que. J'espère que. J'aimerais bien que ce soit vrai, tout ça. Mais si c'est vrai, c'est fou, non? C'est énorme! Comment tu peux dire Dieu, Dieu, comme ça, sans avoir l'air de te poser de questions? Évidemment, c'est commode, ça ferme la porte au Mystère, à l'inconnu, à l'énormité, justement, de la chose. C'est Dieu et voilà. On a tout dit, on sait tout, pas besoin d'aller chercher plus loin.

« Bon, c'est vrai, c'est affreux d'être devant le vide, la question toute béante, toute nue, un trou, oui, un appel d'air noir, on ne sait pas vers quoi. Ça fait peur, c'est comme mourir, tu sais, sauf qu'on reste vivant, mais dans quel état!

« Tu comprends, les jeunes, je voudrais déjà qu'ils apprennent à chercher par eux-mêmes, avec leurs mots à eux, leurs idées à eux, leurs images à eux, qu'ils se posent leurs questions à eux, avant de réciter les réponses qu'on leur dicte, celles qu'ils savent que les adultes attendent, celles qui leur feront plaisir, aux adultes, et ils vous ficheront la paix. Mais on triche avec eux. On leur dit que c'est bien, la messe, que c'est important. Et puis on y arrive en retard, et t'as vu la tête qu'on y fait? Pas étonnant qu'ils laissent tout tomber. C'est pas eux qui laissent tout tomber. C'est d'abord les adultes. Ils jouent avec des mots. Ils s'en gargarisent. Mais ils n'en sortent pas. Ils s'enferment dans des caves. Ils dessinent un soleil sur les murs et ils disent : c'est ça, le soleil, c'est beau, ça éclaire, ça tient chaud, si, si, j'y crois, j'en témoigne! Comment veux-tu qu'ils marchent, les jeunes? Ils voient bien qu'on se moque d'eux! Tu te souviens de Tony et de son courant d'air? »

Difficile de l'oublier, Tony. Il avait dû passer en L.E.P. Il n'était pas doué pour les études abstraites. Mais il avait conservé des copains en classique. Et il était venu un soir à une réunion préparatoire à la Confirmation. Les animateurs avaient affiché un jeu de panneaux où étaient inscrits des mots ayant rapport avec l'objet de la recherche : Dieu, Église, Sacrement, Esprit, Évêque, etc. Chacun était invité à inscrire ce que ces mots évoquaient pour lui. Naturellement, sur le panneau « Dieu », on avait trouvé des choses comme « Dieu est grand », « Dieu est Père », « Dieu est le Tout-Puissant », « Dieu est Amour ». Tony, lui, avait écrit : « C'est un courant d'air. » Lors de la mise en commun l'animatrice n'avait pas souligné cette phrase. Gertrude si, qui l'avait signalée à Gilles. Les autres avaient ricané, évidemment. Ce n'était pas dans la norme. Ce n'était pas une formule, une définition récitée de mémoire.

Mais c'était la seule réponse vraie. Cela partait du cœur. Tony ne savait pas très bien lui-même ce qu'il avait voulu dire par là. Il avait rougi, fait des gestes avec les bras. Gilles avait dit que Jésus Christ lui-même n'avait pas trouvé meilleure image. Le vent souffle où il veut.

C'est à partir d'épisodes de ce genre qu'était née la complicité avec Gertrude. Contre toute attente. Au grand effroi des bien-pensantes. Mais doucement l'étonnante réalité se fit jour. Ils étaient étrangers tous les deux.

Elle, évidemment, de par ses origines. Gertrude, ce n'est pas tellement de chez nous, d'ailleurs ça aurait dû s'écrire sans *e* à la fin. Bien sûr, depuis tant d'années, elle s'était parfaitement assimilée, comme on dit. Ne restait qu'un vague petit semblant d'accent, une syntaxe originale, et la blessure secrète, si secrète, des déracinés. Encore cette étrangeté-là n'était-elle que la partie visible d'un mystère plus profond.

Gilles avait mis du temps à la découvrir, et plus encore à l'apprécier. Gertrude lui paraissait à la fois trop dynamique et trop peu expansive. Le contact avec elle était rapide, efficace, mais répandait souvent plus de lumière que de chaleur. Il l'avait d'abord classée dans la catégorie des militantes surchauffées qui sont partout et font tout à la fois, une race exténuante, selon lui, et peu appétissante. Il ne faisait en cela que suivre l'opinion d'une majorité du troupeau bien-pensant. Il faut dire qu'elle travaillait chaque jour à la ville, deux heures de trajet chaque jour, et qu'elle n'avait ni le temps ni le désir de participer aux bruyantes réunions des dames de l'aumônerie. Mais qu'elle trouvait le temps d'en faire tout autant et plus que le gros de la troupe, et plus vite, et bien mieux. De même que les petits gamins se l'arrachaient lorsqu'elle faisait du catéchisme en primaire, les adolescents allaient chercher des copains pour participer à ses réunions d'aumônerie. Elle-même constatait le fait avec un étonnement qui n'était pas feint : « Dis, Gilles, tu te rends compte, je ne sais pas comment ils font, ce qui leur prend, ils se réunissent à vingt dans la même pièce, ils s'écoutent parler les uns après les autres, ils font eux-mêmes leur discipline, les adultes feraient pas mal de les imiter, tu trouves pas? Bon, c'est vrai, c'est quand même beaucoup de travail, mais c'est formidable, ça en vaut la peine, non? »

Gilles souriait. Avec Gertrude il avait l'impression de trouver un terrain familier. Elle cherchait la même chose que lui, de la même façon. Ce n'était pas la sympathie humaine qui jouait. La complicité était plus profonde. Elle seule avait été comme lui horrifiée par un super-spectacle sur la vie de Jésus, que tous les autres avaient admiré de bon cœur. Elle seule attendait de la religion quelque chose d'autre que de pieuses émotions ou des sécurités. Il sentait qu'avec elle il pourrait travailler à éveiller les jeunes à l'espérance et à la liberté, hors de quoi nulle Foi n'est réelle. L'avenir devenait prometteur.

Les médiocres et le sort en décidèrent autrement.

IL avait donc cru trouver la perle rare. Il sourit moins quand il vit la jalousie naître et se répandre comme un feu de maquis. L'une après l'autre montèrent les vagues d'assaut, camouflées de bonnes intentions. On l'aimait bien, Gertrude, mais il était dommage qu'elle ne puisse venir aux réunions de l'après-midi. Évidemment, il était difficile de travailler et de faire autre chose en même temps. Si Brunehaut, Frédégonde et les autres ne le faisaient pas, c'était précisément pour se consacrer au bénévolat, suivre des formations, etc. C'était une option, il fallait savoir choisir, on ne pouvait être à la fois au four et au moulin.

Et puis, tout de même, elle avait un peu trop tendance à vouloir tout régenter. Et puis on ne savait pas trop ce qu'elle pensait, elle se taisait pendant les réunions, ou alors elle parlait la dernière. Et puis, avec tout ça, elle n'avait pas de cadres, pas de formation, elle était trop indépendante. Et puis on sentait bien qu'elle était contre le rapprochement avec Sainte-Pélagie, elle était de gauche, sûrement, « note bien que c'est son droit, disait Brunehaut, avec un bon regard compréhensif. Fais quand même attention, Gilles, je dis ça par amitié pour toi comme pour elle, il ne faudrait pas qu'elle t'accapare, qu'elle t'influence, qu'elle soit jalouse de son ascendant sur toi, les femmes, tu sais... ».

Dans un premier temps, Gilles voulut en rire et faire fi de ce grenouillage. Qu'y pouvait-il si Gertrude avait des diplômes, un métier passionnant, et si les autres ne pouvaient en dire autant? Et si elle n'ajoutait pas sa voix aux jacasseries du clan? Et si elle savait mieux imaginer, organiser, si elle réalisait plus vite que la moyenne? Ne fallait-il pas, précisément, utiliser ses qualités, au lieu de les lui reprocher? Il haussait les épaules, défendait son poulain, l'appuyait sans réserve.

Par ailleurs, il ne voulait pas croire non plus à la malignité des détracteurs. Il les connaissait, ils étaient de braves gens, certes avec leurs défauts, eux aussi, mais enfin c'était ceux que la Providence avait mis sur sa route, il voulait faire avec. Tout ce qu'il demandait aux uns et aux autres, c'était de se reconnaître différents, de s'accepter et de se respecter tels. Dieu sait si on lui rebattait les oreilles sur le thème de l'unité dans la diversité! N'étaient-ils pas tous disciples du Christ? N'avait-Il pas donné Sa vie pour cela?

Bref, Gilles laissa courir. Laissant courir, il laissa pourrir. Cette aumônerie catholique se révéla bien vite un authentique panier de crabes. Les femelles rameutèrent leurs mâles. On utilisa la résistance passive. Gertrude fut carrément ignorée. Ce furent silences, esquives, sourires de façade. On oubliait de lui transmettre les informations, on oubliait de l'inviter aux réunions, on oubliait ce qu'elle avait pu proposer, entreprendre.

Il faut dire qu'elle trompait son monde. Vue du dehors, c'était un roc. Cela faisait peur et cela rassurait : on n'allait pas prendre de gants avec un roc. Le malheur était qu'elle était fière, serrait les dents. Ça lui donnait l'air dur et ça n'arrangeait rien. La tension montait chaque jour un peu plus. Gilles avait droit à des sermons, des lettres. Lui n'était pas en cause, on l'aimait bien. Mais Gertrude était comme ci, faisait comme ça, c'était toujours sa faute, elle n'était pas comme les autres.

Il finit par se lasser. Ce concert de jérémiades aboutit au résultat opposé à celui qui était prévu. Qu'il ait été obligé de travailler avec des animateurs de qualité moyenne, c'était une chose. Que ceux-ci se soient sentis dérangés par une personnalité exceptionnelle en était une autre. Les lents et les mous étaient bousculés. Ceux qui manquaient d'imagination, dépassés. Ceux qui ne savaient pas s'organiser, débordés. Ceux qui ignoraient l'Écriture et la pédagogie, humiliés. Tout cela était sans doute dans la nature des choses, mais jugeait plutôt les râleurs. Qu'au nom de tout cela ils aient voulu exclure, dans les faits, sinon dans l'intention avouée, la malheureuse surdouée était peut-être également dans la norme, relevant de notre nature pécheresse. Mais Gilles y vit surtout la minable jalousie des imbéciles pour les personnes intelligentes et des médiocres pour les gens vifs. Et même si c'était au nom de l'Évangile, puisqu'il s'agissait toujours, en principe, d'annoncer Jésus Christ aux enfants, il n'avait plus envie de cautionner cela.

D'autant moins qu'avec tout cela il n'avait plus le temps de s'occuper des jeunes.

IL était beau, Tristan, au-dehors et au-dedans. Il avait quelque seize ans lorsqu'il était venu un soir, avec Vincent, au sortir de la messe, demander au vicaire d'organiser des nuits d'adoration comme à Paris. Gilles les avait fait revenir pour étudier la question. Ils s'étaient retrouvés tous les deux, un peu butés, dans son bureau. Ils voulaient qu'on fasse quelque chose pour les jeunes en dehors des cadres existants, pour les aider à sortir des conflits idéologiques où baignaient les adultes. Il n'y avait rien de ce genre dans cette paroisse, eux allaient à Montmartre, aux nuits d'adoration, ça au moins c'était bien, il fallait faire pareil.

Gilles avait négocié, proposé une initiation à la prière, la constitution d'un groupe, si du moins ils avaient des copains intéressés. Et l'aventure avait commencé. Six, huit, douze, quinze jeunes étaient arrivés. Un milieu classique-à-la-page, la fine fleur des héritiers des militants cathos, mais on n'allait tout de même pas s'en plaindre. Ils se rencontraient chaque quinzaine, le samedi soir, et c'était beau à voir, ces jeunes en silence dans l'oratoire rustique installé à la cave par le précédent aumônier. Cela avait bien un petit aspect catacombes du pauvre, mais ce n'était pas désagréable, on touchait du doigt que les adolescents ne souhaitaient pas forcément tous prier aux accords de la guitare ou au rythme de la batterie.

Tristan, au milieu, boucles en friche, la moitié du visage mangée par les lunettes, des joues et des lèvres de fille, une carrure de sportif, silencieux parmi les silencieux. Même en temps normal il restait discret, ne parlant que très peu ou fuyant au plus vite dans la blague et le rire. Mais tous devinaient des océans à l'intérieur de lui, des mondes inconnus, immenses, vertigineux.

Était-ce né de lui, ou de Vincent, ou des deux à la fois? était-ce né de génération spontanée? peu importe. Surgit un rêve fabuleux, pèlerinage au loin, marche dans le désert, rochers, palmiers, étoiles et solitude. Ils partiraient à trois ou quatre, entre intimes, pour être plus mobiles. Gilles s'en alla explorer une nouvelle piste, s'assurer que son expérience de jeunesse était réitérable. Le groupe s'étoffa, se souda, le projet se fit plus précis, les parents eurent un peu peur, firent confiance malgré tout, les responsables d'aumônerie étant les seuls à dénoncer la folie de la chose. Mais Gilles tint bon, car sa folie à lui était plus sage que celle des intelligents.

C'est ainsi que le dernier fils d'une animatrice, d'abord enflammé par l'idée, s'était fait, avec le temps, plus évasif. Gilles prit la mère en aparté, lui expliqua que cette randonnée ne pouvait faire que du bien à son petit, que les autres comptaient sur lui et qu'en cas de besoin on pouvait même participer aux frais, des subsides étant tombés du ciel à cette intention. La maman remercia avec effusion et expliqua à son tour que son fils avait l'habitude de passer les vacances en famille, avec cousins, cousines, qu'il aimait autant cela et que ce serait également très intéressant. Gilles s'abstint de lui dire que s'il avait eu un tel fils, il l'aurait probablement propulsé dans l'aventure en lui bottant les fesses. Il comprenait surtout que ces gens-là n'avaient plus guère confiance en lui.

Bref, ce furent les jours de gloire de l'aumônier. Pendant trois semaines il contempla des visages d'enfants modelés par l'émerveillement. Il put revoir tous ces lieux qu'il aimait reflétés dans les yeux de ceux qu'il aimait. Il put voir Clotilde, fille unique au milieu de ses frères, élevée dans la crainte et les précautions, voûtée et repliée sur elle-même comme une petite vieille, se redresser et se détordre, traverser le désert en se jouant et découvrir par tout son corps qu'elle n'était pas fragile. Ce qu'il avait organisé se déroulait sans heurts. Ce qui ne dépendait pas de lui s'agençait encore mieux. Le hasard jouait à la Providence, semblait se mettre à leur service, ce furent des jours de pur bonheur, il se donnait un plaisir fou, il n'y a pas de honte à ça.

Seul point noir, Tristan s'était désisté sans vraiment expliquer pourquoi. Il est vrai qu'on lui avait un peu volé son rêve, qu'il y avait loin de cette expédition nombreuse au petit groupe d'intimes prévu à l'origine. Mais Gilles n'avait pas insisté, se disant qu'aussi bien, il pourrait toujours repartir avec lui l'année suivante.

Et puis l'absurde était tombé. Comme un couperet de malheur. Vers une heure du matin le téléphone avait sonné, lugubre.

La route à toute allure à travers la forêt, les arbres dans la lumière des phares, ce froid glacial dehors, dedans, ce calme étrange à l'intérieur de lui, ses mains tremblant sur le volant, la traversée de la ville morte, il sut qu'il ne les oublierait jamais plus. Le visage hébété des amis, les yeux gonflés des jeunes de la bande, le remue-ménage dans la maison, le chien étonné, bousculé par toutes ces jambes, et Tristan immobile, défiguré, la langue tirée en grimace grotesque, dérisoire, l'attente des parents, frères, sœurs, qui l'avaient laissé seul, pour la première fois, depuis des mois, ce silence de plomb, cette chape lourde sur les yeux, et le cœur, et le ventre, ce goût de bile dans la gorge, ce nœud épais à l'estomac, ce bruit de craquement à l'intérieur de lui, il assistait à tout cela, présent et étranger en même temps, il voyait tous ces gens et Gertrude au milieu, le regard dur de tristesse et de fureur, une caresse l'aurait fait hurler, cela sautait aux yeux, il assistait du dehors et du dedans, il était double, intensément présent, mais abruti, anesthésié par la douleur elle-même, c'était peut-être cela, la grâce d'état, allez savoir, cette espèce de calme étonnant, de paix fugitive sans doute, *pourquoi toute cette agitation,* comme disait l'Évangile, *l'enfant n'est pas morte, elle dort,* c'était pareil, probablement, avec Tristan, avec tous les enfants.

Tristan était beau au-dehors, beau au-dedans, un au-dedans avide, passionné d'il ne savait quoi, prêt à rire de tout, de rien, comme si rien n'avait réellement d'importance, sinon cet Inconnu, précisément, qui l'habitait, qui l'appelait là où il ne savait pas, par des voies qu'il ne savait pas. Il cachait, mais cela ne trompait personne, derrière un masque de futilité cette recherche, ce manque, ce vide, dont il ne comprenait pas lui-même le sens ni l'origine. Il était de ceux que seul l'absolu peut combler, un absolu d'amour et de beauté, de paix et de lumière, un *Au-delà de Tout,* un *Tout Autre,* cela seul qui est et qui est plus profond que tout, *ce je-ne-sais-quoi qu'on atteint d'aventure,* ce Dieu qu'on ne peut voir sans mourir. Alors il était mort, Tristan, tout seul, sans prévenir.

Tous avaient d'abord pensé qu'il l'avait fait exprès. Il y eut autopsie, analyses, expertises. Les médecins parlèrent d'œdème pulmonaire foudroyant, cela arrive, c'est vrai. Certains en furent rassurés, d'autres crurent ce qu'ils voulurent, quelle importance finalement, on ne pleure que sur soi. Tristan serait beau dans le cœur de ceux qui l'avaient approché, pour l'éternité si l'on veut, ou tout au moins autant qu'ils resteraient sur terre eux-mêmes.

Mais Gilles ne pourrait oublier le rictus de cette bouche d'enfant boudeur où jamais une fille ne poserait désormais la douceur de ses lèvres.

C'EST alors que la nuit descendit. Vint le temps où Dieu se fit nostalgie, puis grimace, puis dégoût. Vint le temps de l'effroi et du doute, de la détresse et de la solitude accrue. Le départ de Tristan n'était qu'un prélude. Gilles s'enfonça, chaque jour un peu plus, dans les cavernes de la peur, s'enlisa dans des sables puants. Il s'en serait passé, n'étant ni plus tragédien ni plus masochiste que n'importe qui. Mais certains prétendent que tout le monde doit y passer un jour ou l'autre.

Il y eut un grand calme, d'abord, après la blessure initiale. Une sorte de répit, d'attente. Les querelles restèrent en suspens. C'était la naissance d'un hiver doux, l'époque de la brume qui étouffe les bruits.

Et puis le second coup tomba. Une lettre l'appela au secours, et réveilla en lui des sentiments secrets qu'il croyait endormis pour de bon. Il s'agissait de Laure. Des mois auparavant il l'avait vue surgir, à la fin d'une messe, et demander à lui parler. Elle avait vingt ans, elle avait des yeux de lumière, elle était à l'école des bergers, elle était partie en vacances au Maroc, toute seule à moto, elle avait rencontré un garçon là-bas, ils voulaient se marier, est-ce que vous croyez que c'est bien? Gilles avait souri, il avait dit que l'amour est toujours don de Dieu, toujours, mais qu'il fallait mettre toutes ses forces, toute sa foi, toute son énergie au service de ce don si on voulait qu'il croisse et fructifie; que c'était difficile, que c'était passionnant, qu'il fallait s'y donner à fond, jusqu'à la mort de soi pour renaître autrement, qu'on entrait en amour comme on entre en religion. Mais à mesure qu'il parlait, il comprenait que ce Marocain n'était qu'un leurre, qu'elle était amoureuse du lointain, de l'espace, du désert, de l'inaccessible, et que ce malheureux garçon s'évanouirait un jour, comme un mirage au plus chaud du jour. Ils s'étaient rencontrés trois fois, Gilles et Laure, une stupéfiante communion était née, avec cette impression si banale à vrai dire, mais en même temps si fulgurante, qu'ils se connaissaient depuis toujours, qu'ils étaient faits l'un pour l'autre depuis l'origine des temps. En quelques heures ils étaient parvenus au silence de plénitude, lorsqu'on est au-delà des mots, complices au plus profond de soi. Gilles avait connu le vertige, il avait tenté de se raisonner, mais Laure avait été plus réaliste, elle avait senti le danger la première et lui avait écrit qu'ils ne devaient plus se revoir, plus jamais. Gilles avait pensé qu'elle avait raison, que c'était mieux ainsi, pour elle, pour lui, il était prêtre, il y croyait, voulait y croire, elle était une enfant, elle aurait pu être sa fille, il ne fallait pas jouer avec le feu, tout ce qu'on se serine dans ces cas-là. Mais il avait pleuré quand même.

Et voilà qu'après tout ce temps, alors que la douleur, enterrée sous d'autres douleurs, semblait tout à fait morte, Laure appelait à l'aide du fond de ses montagnes. Elle disait qu'elle se détruisait, elle disait qu'elle se piquait, elle disait qu'elle se shootait, elle disait je veux arrêter, elle disait j'ai besoin de vous, Gilles en fut assommé. Il n'y connaissait rien, à la drogue, et Laure habitait loin, perdue dans ses alpages, isolée au possible. Qui l'avait initiée? Qui l'approvisionnait? Comment l'aider? L'estomac révulsé, crainte, dégoût, désir, bonheur inavoué, il traversa la France, comprit sur place que l'espoir n'était pas perdu, que Laure avait de la ressource, qu'elle n'était pas *accro,* que ce sursaut était bon signe. Il fut l'ami, le frère, le père, le complice, c'était valorisant, presque facile, ces aller et retour devinrent ses vacances mensuelles, son jardin secret fugitif, il savait bien qu'il se tordait le cœur, tordait peut-être aussi celui de la petite, il ne voulait pas le savoir, il s'envoyait au diable, lui, ses scrupules, ses commentaires, ses rappels à l'ordre, à la raison, il avait trop mal par ailleurs, trop envie de crier, de hurler, de crever, quand il pensait au rictus de Tristan, par exemple, aux criailleries des catéchistes, aux geignardises de ces bien-pensants malfaisants, aux assemblées sinistres où il s'obstinait à parler de vie et de résurrection, d'espérance et de liberté devant de frileux pratiquants momifiés dans leurs habitudes, à quoi bon tout cela si la petite bergère crevait de solitude? Chaque mois il traversait la France, la tête en feu, le cœur incandescent, pour quelques heures sur une autre planète où personne ne savait, ni ne pouvait imaginer, qu'il fût.

VINT un troisième coup, verdâtre et nauséeux. Ceux qui avaient vécu le désert rouge en redemandaient. Ils voulaient découvrir Rome, Assise, ça n'avait pas l'air difficile. Et puis le groupe croissait et multipliait, les candidats étaient trop nombreux. Gilles appela Gertrude à la rescousse. Et Vincent refusa. On n'avait pas eu besoin de nounou au désert. C'était un groupe de jeunes, pourquoi faire venir tel adulte plutôt que tel autre, on n'avait rien contre Gertrude, c'était pour le principe, etc.

Les responsables laïcs se firent un malin plaisir à jeter de l'huile sur le feu, vexés, peut-être, plus ou moins consciemment, de n'avoir pas été invités eux aussi. Il y eut rencontres, complots, conciliabules. Gilles vit la peur, la méfiance et l'envie se répandre et corroder le groupe. Il tint bon. Mais sa santé flancha.

C'est à cette époque qu'apparurent les nausées et les larmes. Un jour, puis deux, puis trois, puis tous les jours, au réveil, un haut-le-cœur, puis deux, puis trois, incoercibles. Les matinées commencèrent par un nouveau rite, il restait plié en deux, secoué, impuissant, cela durait le temps d'un office à l'église. Et puis venaient les larmes, car le corps ne répondait plus, les nerfs lâchaient, les muscles, une marée montait, irrépressible, de tristesse et d'angoisse, une sensation d'hébétude absolue, un désir de crier, de faire mal, à soi, aux autres, de casser quelque chose, de crever sur place, tout vif, tout de suite. Chaque matin son lever se faisait plus tardif car chaque nuit le sommeil le fuyait davantage, les insomnies jalonnaient ses nuits, secouées d'angoisses, de paniques et de sueurs, entrecoupées de cauchemars, l'épuisement le pétrifiait, paralysait ses membres et son vouloir, il avait de la pâte dans la tête, un mastic épais, gluant, tout repassait par l'estomac, une douleur sourde le plus souvent, aiguë parfois, comme un poinçon, une vrille en plein cœur, ratatiné sur lui-même il hoquetait, hurlait, suppliait, maudissait, pleurait, bavait devant son lavabo, se mouchait n'importe où, chaque matin, chaque matin.

Le voyage en Italie fut chemin de douleur. Vincent, sombre, fermé, était venu quand même, mais campait sur ses positions. Gertrude, blessée, se sentait objet de méfiance, rejetée par ce grand nigaud qui ne faisait que cristalliser en lui la défiance et l'envie d'un quarteron de bien-pensants. Gilles, lui, dormant au milieu de ses troupes, avait un mal de chien à cacher ses nausées et ses larmes, et son désintérêt soudain pour sa mission auprès des jeunes. Chaque jour à la messe, il essayait de rappeler l'essentiel de la Foi, la nécessité vitale de chercher à voir en chacun des autres un frère, une sœur, unique, précieux, aimé de Dieu passionnément, et ceci malgré les différences d'âge, d'opinions, de sensibilités, les atomes crochus à l'envers. Mais ce qu'il pouvait dire alors lui paraissait vide de sens, il lui semblait voir tout ce petit monde opiner du bonnet et continuer de plus belle, extérieurs à ce message qu'ils déclaraient pourtant avec ferveur vouloir approfondir, mettre en pratique. Tous ces jeunes s'étaient transformés en adultes et ne le savaient pas. Gilles comptait les jours, les heures. On était loin du Sinaï.

Il y eut un éclat de lumière, pourtant, au milieu de cette nuit-là, si bref, si ténu, que Gilles, perdu à des distances interstellaires, ne le perçut que des années plus tard. Le dernier soir, alors qu'il avait donné campos au groupe, pour leur faire plaisir, bien sûr, pour être un peu tranquille aussi, alors que toute la bande s'était égaillée dans Assise pour flâner, discuter, manger des glaces, Thomas, le plus jeune, une pièce rapportée, un enfant du divorce, avait couru partout un casse-croûte à la main, pour le donner à un pauvre, qu'il n'avait d'ailleurs pas trouvé. Thomas avait quinze ans, l'âge où l'on comprend tout.

MAIS Sébastien aussi avait l'âge où l'on comprend tout. Il frappait parfois à la porte de Gilles, venait discuter ou se taire, emportait des B.D. Il aimait les chiens, il aimait les chevaux, il avait peur du monde des grands. Jusqu'au jour noir.

Cela se passa en plein midi, en pleine lumière, aux vacances de la Toussaint. Il était monté dans sa chambre, avait mis la sono à fond. Au bout d'un moment sa sœur était venue rouspéter. Il n'avait pas répondu. Elle était entrée. Il était étendu, tout pâle, sur la moquette. Il gémissait. Il y avait un revolver à côté de lui. La gamine avait crié. La mère était montée, avait crié aussi. Elle avait appelé les pompiers, l'aumônier. Lorsque Gilles était arrivé les types du Samu repliaient leur bazar. Gilles avait pris l'enfant dans ses bras. Il était encore chaud, il était petit pour son âge, encore plus petit mort que vivant. C'était un gosse, il n'avait pas beaucoup plus de quinze ans, il s'était tiré une balle dans le cœur, Gilles n'éprouvait rien, il était froid, amer, méchant, il en voulait au monde entier, il s'en voulait à lui aussi, il aurait voulu faire du mal, il durcissait son cœur, il serrait les dents, il sentait de la haine en lui, il en voulait au monde entier, il s'en voulait à lui aussi, cela faisait deux ou trois fois qu'il l'avait fichu à la porte, Sébastien, qui voulait lui parler, deux ou trois fois qu'il lui avait dit de repasser plus tard, car il était trop pris, lui, Gilles, trop occupé, trop épuisé par les querelles des adultes.

Bien sûr, il fit ce qui était à faire, accompagna la mère à la police, prépara une messe, présida. Il y avait une foule obscure, compacte, pétrifiée, des gosses qu'il n'avait jamais vus, ne verrait plus jamais. Il avait la nausée, Gilles, ce sont les premiers mots les plus difficiles, il faut parler, pourtant, les vivants ont besoin de ça. Une bigote imbécile avait trouvé moyen de dire à la mère de l'enfant que son fils avait commis envers Dieu un péché impardonnable. Gilles avait dit que non, Sébastien n'avait pas commis de péché, mais une simple bêtise, une bêtise de gosse, qu'il n'avait pas compris qu'il était aimé à ce point, qu'on n'avait pas su le lui faire comprendre, qu'on en était tous là, qu'il était dur de devenir adulte, de faire le deuil de son enfance.

En fait, il n'avait pas parlé beaucoup. Il avait eu peur de lui. Peur de régler ses comptes sur le dos de l'enfant, de dire sa haine des adultes, son mépris, de dire qu'ils étaient tous coupables et lui aussi, Gilles, qui avait pactisé, qu'il l'eût voulu ou non, en refusant de se mouiller, en refusant de dire ce qu'il croyait, pensait depuis toujours, en laissant sacrifier des hordes de gamins sur l'autel des idoles, études, confort, vitesse, réussite selon le monde, tout en s'attardant à gérer des conflits de susceptibilités, d'opinions, de théories. Il sentait que ce n'était ni le lieu ni le moment, que la famille prendrait cela pour elle alors que les véritables coupables étaient ailleurs, tapis dans les décors, à l'intérieur de nous. La messe s'était déroulée sans heurt autour de ce cercueil, les vivants ont beau dire, les morts sont toujours seuls au milieu d'eux.

Il avait pris un raccourci pour arriver au cimetière. Trois gamines attendaient, de noir vêtues, avec des jeans et des foulards, mal fagotées, trois petits boudins tristes, en pleurs, une rose à la main. Elles avaient demandé si elles pourraient jeter leurs fleurs dans la tombe, elles avaient dit qu'il était super, Sébastien, qu'elles le connaissaient bien. Gilles avait dit que oui, bien sûr, elles pourraient, que c'était une bonne idée, que lui aussi, il l'aimait bien, qu'il n'aurait jamais dû faire ça, elles avaient dit que c'était con, trop con. Plus tard, après le dernier coup de goupillon dérisoire, il était allé les chercher, les gamines, pour qu'elles jettent leurs roses dans la tombe, sans quoi elles n'auraient pas osé. La famille avait dit merci, les gens étaient restés encore un peu, immobiles, perdus, hébétés dans le soleil d'hiver, il n'y avait plus rien à dire, plus rien à faire, qu'à durer.

Le simple fait d'attendre un jour de plus, sans but, sans foi, ni joie, demandait un effort épuisant. Tristan, Sébastien revenaient dans ses rêves. Il les voyait surgir, grandir, ricaner, se réduire, se dissoudre dans le sable et dans l'eau, l'appeler encore, pendant que lui restait, jambes coupées, paralysé, enlisé dans la berge, une plage de cendres grises, une odeur de pourri. Il tentait de répondre à son tour, de hurler, mais aucun son ne sortait de sa gorge, il étouffait, l'angoisse tordait ses tripes. Il devait bien crier quand même, ou au moins gémir dans son sommeil, puisque sa chienne le réveillait, donnait des coups de patte, de langue, il sentait son museau humide sur son visage, elle était heureuse de le voir se calmer, brave bête.

Pendant le jour il avançait en automate, parlant et agissant de manière mécanique, un fantoche, un zombie, possédé par les mots qu'il disait, qu'il devait dire, les gestes qu'il devait accomplir et dont il se sentait déconnecté, qu'il voyait s'échapper de lui sans désir ni résistance, et qui correspondaient en gros à ce que les gens attendaient de lui, sans que lui-même comprît vraiment ce qu'il disait, faisait, ni pourquoi.

Il avait consulté quand même, s'était fait aider par une amie médecin. Elle lui avait prescrit des produits pour dormir, des produits pour veiller, elle avait dit que c'était de la dépression, tu n'es pas le premier, on s'en tire, tu n'es pas dans un milieu épanouissant, tu devrais prévenir l'évêque, demander qu'il te déplace. Gilles avait dit que oui, bien sûr, mais qu'il ne voulait pas partir sur un tel sentiment de gâchis et d'échec, que c'était le meilleur moyen de recommencer la même chose ailleurs. Et puis en dehors des excitées qui lui usaient les nerfs, il y avait quand même, sur la paroisse et l'aumônerie, beaucoup de gens sympas, à commencer par son curé, et il ne voulait pas les décevoir. Sur quoi il avait pris ses *merdecines* pendant quelques semaines, et puis, comme elles semblaient avoir apporté un léger mieux et qu'il ne voulait pas passer sa vie dans les potions, il avait abandonné les drogues sans demander l'avis de la femme de l'art. Funeste erreur classique. Tout resurgit quelques semaines plus tard. Et puis le temps passa, et son cortège de nausées, de larmes, de tristesse, les conflits, criailleries, l'ennui mortel, la répulsion devant ce pour quoi il se croyait fait.

Et quelque temps plus tard il avait bien fallu se rendre à l'évidence et employer les grands moyens. A la suite d'une crise d'angoisse de plus, la première cependant au milieu d'une messe, alors qu'il s'était retrouvé en pleurs à la sacristie, hoquetant, mouchant, sous les yeux atterrés de quelques paroissiens heureusement discrets, il décida de suivre l'avis de Gertrude, prit rendez-vous chez un psychiatre.

La dame avait l'air sûre de soi. Elle était souriante, rassurante. Il raconta les nausées, les angoisses et les larmes. Elle demanda s'il avait traversé des moments difficiles. Il raconta Tristan. Elle dit que ça lui suffisait. Il dit qu'il y avait eu bien plus encore. Elle dit qu'elle n'avait pas besoin d'en savoir plus, qu'une seule douleur difficile à gérer pouvait le mettre dans cet état, le reste ne la regardait pas. Il apprécia cette discrétion. Elle lui ordonna des médicaments, prescrivit un repos de durée indéterminée.

Il partit donc pour la Maison de Prière, abruti cette fois par les drogues, dormant douze heures par nuit et quelques heures de sieste, l'esprit vide, amorphe, atone, bon tout juste à célébrer la messe pour les membres de l'équipe, marchant comme un petit vieux, voûté, replié, épuisé au moindre effort et maudissant ses frères et sœurs bien-pensants de droite et de gauche, dont les bagarres, les jalousies, les calomnies avaient fait de lui cette loque. La consigne avait été donnée, aucun courrier ou presque ne parvenait de sa paroisse, aucune nouvelle. Il n'en voulait pas, il lui fallait déconnecter absolument, se couper de ce pays et de ces gens qu'il ne supportait plus, le docteur l'avait dit.

L'abbé H. comprenait tout. Il l'avait accueilli comme un fils et un frère, l'aidant à démêler le vrai du faux, le bien du mal, l'authentique péché et les simples faiblesses, les erreurs vraies et les scrupules morbides. Depuis l'origine il l'avait guidé sur cette voie aride, et il continuait de le faire, de la voix et du geste, dans ce désert où se tressaient la maladie et une étape obligatoire à sa croissance.

En attendant revenaient les décès. Dans la famille, chez ses amis les plus proches. La mort. La mort avant, après, à droite, à gauche, au-dessus, au-dessous. Alors qu'il proclamait depuis des années qu'il n'y croyait pas, à la mort, que depuis la Résurrection elle était vaincue, impuissante, qu'elle n'était plus un mur où l'on se brise, une dalle qui vous recouvre, mais une porte, une fenêtre ouverte, largement, sur la lumière, le bonheur absolu. Il lui sembla comprendre en ces jours qu'il ne savait ce qu'il disait alors, qu'il n'en croyait pas un traître mot, qu'il ne faisait, comme les autres, que répéter des paroles toutes faites, les pieuses et lénifiantes paroles que les braves gens attendaient, qu'il aurait mieux fait de se taire, même en chaire, même ordonné pour cela, en mission, en service commandé.

Le temps de sommeil accompli, il fallut bien recommencer. Il revint presque apaisé, presque content, abruti par les drogues, reposé, engraissé. Il avait envie de renaître, de prendre une revanche sur les événements, la vie, la mort, et tous les insensés qui l'avaient mis dans cet état. Il restait deux mois à franchir avant les vacances d'été, le temps de voir venir.

Il rencontra le vicaire épiscopal, sincèrement heureux de le voir se remettre, si, si, nous étions tous inquiets, disait-il, nous cherchions ce qui pourrait t'aider, tu as bien fait de prendre les devants, le taureau par les cornes, tu as l'air d'être en de bonnes mains, ah, c'est un psychiatre qui te soigne?

Comme il fallait envisager l'avenir, le vicaire épiscopal lui dit qu'il pourrait, s'il le désirait, changer de poste dès cette fin d'année, que tout le monde le comprendrait mais que, s'il le voulait également, il pourrait aussi rester un an de plus, quitte ensuite, pour achever de se retaper, à prendre une année sabbatique, c'est possible tu sais, un de nos confrères l'a fait l'an passé, pour faire le point, réfléchir sur son sacerdoce, laisser décanter les choses, prier... Sincère, débordant de bonne volonté, le V.E. Gilles, qui éprouvait donc un besoin de revanche, stimulé par cette offre d'une année au grand large, signa des deux mains. Ceux et celles avec qui il avait eu le plus de difficultés quittaient le pays, l'aumônerie, il allait pouvoir terminer en beauté, tope là!

Une lettre de Laure arriva. Elle était enceinte. Elle n'était pas sûre de vouloir se marier mais ses parents ne voulaient pas entendre parler d'union libre. Pour le bien de l'enfant elle se résolvait à passer devant M. le maire. Voudrait-il, lui, Gilles, les marier à l'église?

Gilles connut la tempête. Il savait bien que cela devait arriver tôt ou tard. Qu'il n'avait été, ne serait et ne devrait être que le confident, l'ami, le grand frère. Que leurs chemins étaient différents, parallèles dans le meilleur des cas. Il savait bien que, du plus profond de lui il voulait son bonheur à elle, sans qu'il puisse jamais être autre chose qu'un serviteur de ce bonheur. Que ses sentiments personnels, cet attachement qu'il avait laissé croître comme lierre, ne devaient pas entrer en ligne de compte. Mais aussi, la façon dont Laure lui présentait les choses lui laissait entendre, à tort ou à raison, qu'elle ne voulait pas tant être mariée que mère et que ce couple débutait en boitant. Le garçon se disait non croyant, n'aimait pas trop les curés. Les parents faisaient un chantage évident. Tout cela faussait les données du problème. Il se voyait mal leur demander s'ils s'engageaient « librement et sans contrainte », comme disait le rituel, et s'entendre répondre oui. Il refusa donc, et s'attira l'antipathie du fiancé. C'était dommage, il l'avait entrevu une fois, il n'avait pas l'air d'un mauvais bougre, il aimait les chiens, ils auraient pu s'apprivoiser. Mais comment faire comprendre, en si peu de temps, les raisons de ce refus à quelqu'un de si étranger à la religion? L'été passa. Le mariage se fit sans Gilles. C'était logique. Il commença de tenter d'oublier.

La rentrée, elle, fit semblant de bien commencer. Gilles était bien conscient du fait que cette aumônerie n'était pas un repaire de psychopathes. Il y avait là, Dieu merci, un bon nombre de personnes de valeur, dévouées, tout autant et plus que les bruyantes responsables qui y avaient sévi, mais discrètes, elles, ayant la sagesse et le talent d'éviter les conflits et de réagir aux événements avec intelligence et foi. Gilles avait formé une petite équipe de gens sans formation peut-être, mais surtout sans prétention. Cependant le ver était dans le fruit.

Les mêmes causes produisent les mêmes effets. La peur et l'envie sont au cœur des meilleurs. Delphine était montée en second cycle avec sa bande. Elle les suivait depuis des années, *ses* jeunes, même si Gilles n'était pas trop d'accord sur le principe. Tant qu'elle était restée seule à gérer son affaire, il n'y avait pas eu de problème apparent. Mais désormais il fallait travailler avec d'autres et les choses se gâtèrent. C'est que Delphine avait besoin de sécurité, de caution, d'approbation. Il lui fallait l'appui d'autorités, elle appliquait ce qui lui était enseigné ou qu'elle trouvait dans les livres ou les revues. Gilles, lui, s'était entouré de non-conformistes à la mode de Gertrude, tirant les choses de leur propre fonds, inventant, sécrétant leur miel en butinant un peu partout. Avec lui on ne recopiait pas, on n'organisait pas. La recherche personnelle des jeunes était la valeur essentielle. Immédiatement, sans comprendre pourquoi ni comment, Delphine se sentit remise en question, jugée, bousculée. Elle eut mal, crut qu'on lui en voulait, que les autres lui en voulaient, le psychodrame était enclenché.

Cela ne se manifesta pas immédiatement. Delphine n'avait jamais été une grande expansive. Et Gilles, encore fragile, ne voulait pas croire à la réalité d'une tension qu'il sentait pourtant croître. Et puis il vit un jour Justine-la-rigolote venir en émissaire. C'était quelqu'un qu'il aimait bien. Elle était vive, intelligente. Il se serait volontiers appuyé sur elle pour dédramatiser les situations, apaiser les esprits en cas de besoin. Mais ce jour-là elle lui raconta que Delphine pleurait beaucoup, qu'elle retombait en dépression, que c'était à cause de l'équipe, la bande à Gilles, qu'elle ne se sentait pas accueillie, admise, et que. L'aumônier la remit en place, fit transmettre à Delphine qu'elle eût à faire elle-même ses commissions. Du temps passa encore avant qu'elle s'y résolve.

Il comprit alors le processus. Pendant des mois elle avait pleuré dans le gilet de sa copine Justine, laquelle, n'ayant guère de sympathie pour l'équipe en place, entra de plain-pied dans son jeu. Pauvre Delphine, si gentille, si parfaite, comment pouvait-on agir de la sorte avec elle! Pour sûr, l'équipe était fermée, jalouse de son influence auprès de l'aumônier, ne supportant pas qu'une autre réussisse en dehors d'elle! Et comment en parler à Gilles, déjà si mal en point, et totalement aveuglé par les autres? Pendant des mois ces péronnelles s'étaient monté le bourrichon, s'emparant de la moindre réflexion, du moindre silence de leurs cibles, et les avaient interprétés en fonction d'une antipathie soigneusement entretenue. Naturellement il était hors de question d'en parler aux intéressées, il était plus simple de cultiver la rancœur, la méfiance, de se repaître de cette douleur pour mieux la reprocher aux autres. Et quand elles s'étaient décidées à parler il était déjà trop tard pour extirper cet abcès de pus, pour tenter de faire comprendre à la malheureuse Delphine les vraies raisons de sa détresse et de ses crises de larmes. Car elle vivait par le regard des autres, avait besoin, depuis l'enfance probablement, comme tant de gens, d'être rassurée, approuvée, sécurisée dans un monde repéré, défini, en ordre. De là ce perfectionnisme en quête d'être reconnu. Des personnalités trop riches, adultes, libres en un mot, la remettaient en cause, c'était insupportable, l'effort de tant d'années de travail pour édifier des défenses autour de cette insécurité fondamentale aurait été pulvérisé. Mieux valait croire que les autres lui en voulaient.

Gilles était atterré. Il ne lui voulait pas de mal, à Delphine, ni les autres non plus. Il avait espéré qu'elle se libérerait, grandirait au contact de personnalités plus épanouies. Et voilà qu'elle se ratatinait sur une rancœur sans fondement. Peut-être était-ce logique. On vivait sous l'emprise du péché. Il avait déjà constaté que les imbéciles, bien-pensants ou pas, ne pouvaient pardonner leur intelligence à ceux qui en étaient dotés. Il découvrait maintenant que les malades, même militants engagés, même priants, ne pardonnaient pas leur santé aux bien-portants. Sinistre découverte.

En attendant il fallait les aimer. Mais il ne savait plus comment. Il avait mal avec eux, leurs conflits rejaillissaient sur lui, en lui, il ne pouvait apparemment rien d'autre. Aimer, ce n'était pas bénir les craintes, les jalousies, les égoïsmes, les susceptibilités. L'année se poursuivit, morne, sombre, à travers les silences épais, les tensions retrouvées. Il était las, Gilles, désabusé. Il n'aspirait plus qu'à partir, quitter ce lieu, ce ministère. Sans savoir pour quoi faire, ni où aller.

C'EST alors que le vicaire épiscopal annonça un beau jour, à la fin d'un repas, la mine joviale et l'air gourmand, qu'on lui avait trouvé une nomination dans un endroit qui, que, dont. Gilles sursauta, lui rappela sa promesse d'une année sabbatique. Il ne fallait pas jouer avec ces choses-là. Il n'avait traversé cette dernière année que soutenu par l'espérance de tout lâcher ensuite. L'autre essaya de le prendre à la rigolade, c'était l'année dernière, tu vas mieux maintenant, on va se débrouiller pour que tu prennes encore deux mois de repos cet été et après, tu verras, le simple fait de changer de lieu achèvera de te retaper, tu vas être avec un curé sympa, je le connais bien, c'est un rigolo, tu feras équipe sans problème, d'ailleurs tu ne vas quand même pas faire comme Machin, qu'est-ce que c'est que ces jeunes prêtres qui veulent tous prendre des années sabbatiques, allons, allons!

Gilles ne riait pas. Il découvrait tout à coup

qu'il lui faudrait se battre pour obtenir ce qu'on lui avait fait miroiter. Il avait eu tort de faire confiance, d'attendre. Lui, savait ce qu'il vivait. Les autres, non, qui organisaient des commissions sur la santé des prêtres. Et puis, une dépression, c'est toujours louche quand on est en bonne santé. On appelle ça déprime, c'est plus guilleret, ça fait moins sérieux. Et compte tenu de la raréfaction des troupes, ni l'évêque ni son état-major ne pouvaient imaginer de laisser s'en aller pour un an un prêtre encore jeune sans faire au moins quelques chichis. Cela pouvait faire jurisprudence. Le vicaire épiscopal avait-il seulement compris qu'il avait fait une gaffe, parlé trop vite? Se souvenait-il même de cette espérance qu'il avait fait naître chez Gilles quelques mois auparavant, pour lui faire affronter une dernière année dans ce poste? Rien n'était moins sûr. Il fallait voir l'évêque.

A cette époque le bureau de Monseigneur était au fond d'un couloir obscur, ripoliné jaunâtre quelques lustres plus tôt, accueillant comme un commissariat de police des années cinquante. On y rencontrait un peu le même type d'hommes, pensait Gilles, entre deux âges, bedonnants, plutôt mal fagotés. On patientait dans un petit salon d'attente sans fenêtre, avec quelques sièges en Skaï, quelques revues religieuses ou culturelles.

L'évêque, lui, était rond, chaleureux, accueillant. Il serra très fort Gilles contre lui, s'assit, le regarda droit dans les yeux, sérieusement, avec intérêt, profondeur, confiance, un peu de tristesse aussi. Il était chagriné, disait-il, des nouvelles qu'il avait reçues depuis quelques semaines. On avait probablement sous-estimé les difficultés d'un tel ministère pour quelqu'un comme Gilles, finalement peu au fait des réalités de la vie de l'Église. Il savait pourtant, lui, l'évêque, que Gilles avait fait du bon travail, aussi bien en paroisse qu'en aumônerie, tout n'était pas négatif, loin de là, ne croyez pas cela! Il avait entendu parler de ses expéditions au désert avec les jeunes, c'était fort, cette aumônerie avait repris vie, peut-être pas comme Gilles l'avait souhaité, mais on ne possède pas son ministère, on plante, c'est Dieu qui fait croître, il était seulement dommage que tout cela l'ait mis dans cet état. Et puis il y avait eu des drames aussi, oui, oui, la mort des jeunes, c'est abominable, il y a eu votre grand-mère aussi?

Il comprenait, l'évêque, mais il fallait se raisonner, on en passait tous par là, d'une manière ou d'une autre, chacun où il est, lui par exemple, l'évêque, il était aux prises avec des intégristes, il se faisait insulter, c'était douloureux, il fallait se préserver, prendre du recul, c'était capital, sans doute Gilles n'en avait-il pas pris assez? Moi, par exemple, disait-il, je bricole, mais si nous parlions un peu de l'an prochain?

Il était bien embêté, l'évêque. N'ayant pas eu de nouvelles de Gilles, il croyait que cela allait mieux. Évidemment, il comprenait que Gilles ne pouvait pas passer son temps à venir se lamenter. Mais les nominations étaient faites. Annuler la sienne serait devoir recommencer le travail de plusieurs semaines, voire de plusieurs mois, non, vraiment, je n'ai rien d'autre à vous proposer, d'ailleurs que feriez-vous d'une année sabbatique? Vous végéteriez avec le sentiment de ce que vous croyez être un échec, en appréhendant le futur, ce ne serait pas sain. Écoutez, essayez, c'est vraiment cela ou rien, vraiment, je vous le répète, je n'ai rien d'autre, on peut au moins tenter le coup, ce n'est pas parce que vous voyez les choses en noir aujourd'hui que cela doit durer, il ne faut pas s'installer dans la maladie, tout peut évoluer, votre regard aussi, alors c'est oui, n'est-ce pas?

A bout de forces, Gilles. Non, Monseigneur, non, père évêque, je serais malhonnête, ça ne peut pas être oui. Ce ne serait que pour ne pas vous peiner, par lassitude. Je marche aux médicaments. J'éprouve de la répulsion pour tout ce qui relève du ministère, même ce qui me passionnait. Vous avez déjà eu des nausées, vous, au moment de célébrer l'eucharistie?

L'évêque ne capitulait pas. Gilles non plus. On temporisa, revenez dans deux ou trois semaines. Allez voir ce qu'on vous propose au moins, vous rendre compte. On y a réfléchi, vous savez, je n'aurai sûrement rien d'autre à vous donner, allez, Gilles, faites confiance, pas en moi, mais en Dieu, la Grâce, le Fils, l'Esprit...

Ce jour-là, ce fut Flamme qui le tira d'affaire.

Il s'était retrouvé dans sa voiture, pleurant, rageant, les nerfs à vif. Il le comprenait, l'évêque. Il faisait de son mieux. Il lui tendait une perche. Il l'avait ordonné neuf ans auparavant, et il y croyait, lui, à ce qu'il faisait. Il se disait que le Christ n'allait pas laisser tomber un de ses prêtres, faites confiance, faites confiance... Comment aurait-il pu imaginer à quel point Gilles se sentait détraqué, à quel point les haut-le-cœur le secouaient au moment d'entreprendre quoi que ce fût, de rencontrer qui que ce fût, à la pensée de tous ces morts qui le narguaient, de toutes ces affolées, ces agités, haineux, jaloux, méchants au nom du Père, du Fils et du Saint-Esprit! A quel point lui répugnait ce ministère dont il avait rêvé dans une autre vie. Il n'avait rien à faire au milieu de ces gens, curés ou autres, gagne-petit de la vie éternelle, commissaires aux affaires religieuses, ne reconnaissait plus sa place parmi eux. Leurs soucis, leurs préoccupations n'étaient pas les siens, il n'en pouvait plus, au milieu de ces amoureux des guéguerres, des conflits, avides de confort, moral, matériel, spirituel, et il criait dans sa voiture, hoquetait de douleur, il aurait voulu se vider, se répandre, crever, oui, éclater, ou s'enfoncer à toute allure dans un couloir de terre, exploser enfin, en lumière pure et silence.

C'est alors que Flamme intervint. Elle avait quatre mois. Elle avait succédé à Flora, morte, elle aussi, après quatorze ans d'amitié et de fidélité. Ça peut paraître puéril, disproportionné, mais après tous ces décès, celui du chien n'avait rien arrangé. C'était la touche finale, la goutte d'eau qui fait déborder la tristesse. Mais Flamme avait fait son entrée dans la vie de Gilles. Elle était rousse et vive, un peu folle comme tous les setters, surtout à cet âge-là. Mais en voiture elle disparaissait derrière le siège du conducteur pendant la durée du trajet sans se faire remarquer, jamais. Or voici qu'à ce moment précis, alors qu'il s'étouffait dans les larmes et les cris, la petite chienne rousse bougea, grimpa sur le fauteuil, vint renifler le cou, les oreilles de son maître, de son ami, et il sentit son nez mouillé, et il vit qu'il fonçait tous feux éteints sous la pluie diluvienne, zigzaguant au milieu des autres, et certains klaxonnaient et il n'entendait rien. Il ralentit, se gara sur le bas-côté, fit venir Flamme sur ses genoux, la serra très fort contre lui.

Il ne hoquetait plus. Il pleurait doucement. Il comprit qu'il était en train de se tuer, que la bête s'en était rendu compte. Il comprit qu'il ne voulait pas mourir, que cela ne profiterait à personne, sinon à celui qui ricane chaque fois qu'une vie est perdue.

Il comprit qu'il avait fait fausse route. Que depuis des années il avait essayé de ressembler à un prêtre qui n'existait pas, écho des désirs contradictoires des uns et des autres, au lieu de rester fidèle au mystère de sa propre vie et de Celui qui la guidait. Que l'erreur était sienne. Qu'il n'avait pas à opposer les années de recherche aux années de ministère, les rencontres de jadis aux rencontres récentes, car la Vie était Une. Qu'il n'y avait rien à pardonner non plus, car on pardonne les offenses et il n'y avait pas eu d'offenses, rien que des maladresses et aveuglements pitoyables. Mais la Vie était plus forte que ces tourbillons de médiocrité, l'Amour plus fort que la mort, et Il venait de le manifester.

Et Flamme était à l'avant-garde de tous ceux qu'il avait oubliés en s'enivrant de sa propre douleur. A travers elle avaient parlé sa mère, si éloignée de tout cela, et puis l'Eremo, et Abhis, et l'abbé H., et puis Grégoire, et puis Gertrude, tous ceux qui avaient fait naître et croître en lui la soif d'une vie profonde, et puis tous ceux encore, qui avaient désir de *cela,* mystérieux, impalpable, lumineux et obscur, qu'il nommait Dieu, le Christ.

Et l'Église était vaste, autrement plus qu'on ne pouvait supposer. Des espaces immenses s'étendaient où il avait sa place, prêtre encore et toujours, parmi ceux qui aimaient la Vie et voulaient la servir, pratiquants ou non, croyants ou non, qu'importe, *Lui seul savait ce qu'il y a dans l'homme,* mais passionnés, créateurs, libres, et qui avaient uniquement besoin de s'entendre annoncer : *Tu n'es pas loin du Royaume de Dieu.*

Il embrassa la chienne, qui se pelotonna contre lui, il soupira et décida de vivre.

A l'Eremo, le 16 octobre 1990

« Spiritualités vivantes »
Collection fondée par Jean Herbert
au format de poche

1. *La Bhagavad-Gitâ,* de Shrî AUROBINDO.
2. *Le Guide du Yoga,* de Shrî AUROBINDO.
3. *Les Yogas pratiques (Karma, Bhakti, Râja),* de Swâmi VIVEKÂNANDA.
4. *La Pratique de la méditation,* de Swâmi SIVANANDA SARASVATI.
5. *Lettres à l'Ashram,* de GANDHI.
6. *Sâdhanâ,* de Rabindranâth TAGORE.
7. *Trois Upanishads (Ishâ, Kena, Mundaka),* de Shrî AUROBINDO.
8. *Spiritualité hindoue,* de Jean HERBERT.
9. *Essais sur le Bouddhisme Zen,* première série, de Daizetz Teitaro SUSUKI.
10. – *Id.,* deuxième série.
11. – *Id.,* troisième série.
12. *Jnâna-Yoga,* de Swâmi VIVEKÂNANDA.
13. *L'Enseignement de Râmakrishna,* paroles groupées et annotées par Jean HERBERT.
14. *La Vie divine,* tome I, de Shrî AUROBINDO.
15. – *Id.,* tome II.
16. – *Id.,* tome III.
17. – *Id.,* tome IV.
18. *Carnet de pèlerinage,* de Swâmi RAMDAS.
19. *La Sagesse des Prophètes,* de Muhyi-d-dîn IBN'ARABÎ.
20. *Le Chemin des Nuages blancs,* d'ANAGARIKA GOVINDA.
21. *Les Fondements de la mystique tibétaine,* d'ANAGARIKA GOVINDA.
22. *De la Grèce à l'Inde,* de Shrî AUROBINDO.
23. *La Mythologie hindoue, son message,* de Jean HERBERT.
24. *L'Enseignement de Mâ Ananda Moyî,* traduit par Josette HERBERT.

Nouvelles séries dirigées par
Marc de Smedt

25. *La Pratique du Zen,* de Taisen DESHIMARU.
26. *Bardo-Thödol. Le Livre tibétain des morts,* présenté par Lama ANAGARIKA GOVINDA.
27. *Macumba. Forces noires du Brésil,* de Serge BRAMLY.
28. *Carlos Castaneda. Ombres et lumières,* présenté par Daniel C. NOËL.
29. *Ashrams. Grands Maîtres de l'Inde,* d'Arnaud DESJARDINS.
30. *L'Aube du Tantra,* de Chogyam TRUNGPA et H. V. GUENTHER.
31. *Yi King,* adapté par Sam REIFLER.
32. *La Voie de la perfection, l'enseignement secret d'un maître kurde en Iran,* de BAHRÂM ELÂHI.

33. *Le Fou divin. Yogi tantrique tibétain au* XVI*e siècle*, de Drukpa KUNLEY.
34. *Santana, l'enseignement de Maître Goenka en Inde*, de Dominique GODRÈCHE.
35. *Dialogues avec Lanza del Vasto*, par René DOUMERC.
36. *Techniques de méditation et pratiques d'éveil*, de Marc de SMEDT.
37. *Le Livre des secrets*, de BHAGWAN SHREE RAJNEESH.
38. *Zen et arts martiaux*, de Taisen DESHIMARU.
39. *Traité des Cinq Roues (Gorin-no-Sho)*, de Miyamato MUSASHI.
40. *La Vie dans la vie. Pratique de la philosophie du sâmkhya d'après l'enseignement de Shrî Anirvân*, de Lizelle REYMOND.
41. *Satori. Dix ans d'expérience avec un Maître Zen*, de Jacques BROSSE.
42. *Discours et sermons*, de HOUEI-NÉNG, traduit par Lucien HOULNÉ.
43. *Tao Te King*, de LAO TSEU.
44. *Questions à un Maître Zen*, de Taisen DESHIMARU.
45. *Les Contes des arts martiaux*, recueillis par Pascal FAULIOT et présentés par Michel RANDOM.
46. *Essais sur les mystiques orientales*, de Daniel ODIER et Marc de SMEDT.
47. *Zen et vie quotidienne*, de Taisen DESHIMARU.
48. *Le Désert intérieur*, de Marie-Madeleine DAVY.
49. *La Sagesse de l'éveil*, textes présentés par Marc de SMEDT.
50. *L'Esprit guide, entretiens avec Karlfried Durckheim*, par Frantz WOERLY.
51. *Les Appeleurs d'âmes. L'Univers chamanique des Indiens des Andes*, de Sabine HARGOUS.
52. *Le Chemin de la Lumière, la Voie de Nur Ali Elâhi*, par BAHRÂM ELÂHI.
53. *L'Art de la réalisation*, de CHANDRA SWAMI.
54. *Le Trésor du Zen*, de Maître DOGEN, traduit et commenté par Taisen DESHIMARU.
55. *Aphorismes*, de TCHOUANG TSEU, présentés par Marc de SMEDT.
56. *L'Esprit caché de la liberté*, de Tarthang TULKU.
57. *Métanoia. Phénomènes physiques du mysticisme*, d'Aimé MICHEL.
58. *L'Enseignement de Ramana Maharshi*, traduit par A. DUPUIS, A. PERRELI et J. HERBERT.
59. *Le Bol et le Bâton*, cent vingt contes Zen racontés par Maître Taisen DESHIMARU.
60. *Traité de l'amour*, d'Ibn 'ARABI, introduction, traduction de l'arabe et notes de Maurice GLOTON.
61. *L'Évangile de Thomas*, traduit et commenté par Jean-Yves LELOUP.
62. *L'Enseignement du Dalaï-Lama*, de Tenzin GYATSO, traduit par G. TULKU, G. DREYFUS et A. ANSERMET.
63. *La Montagne vide, anthologie de la poésie chinoise*, traduction de Patrick CARRÉ et Zéno BIANU.
64. *Mystères de la sagesse immobile*, de Maître TAKUAN, traduction et présentation de Maryse et Masumi SHIBATA.

65. *La Sagesse du désert, aphorismes des Pères du désert,* de Thomas MERTON, traduction de Marie TADIÉ.
66. *La Pratique du yoga intégral,* de Shrî AUROBINDO, textes groupés, traduits et préfacés par Jean HERBERT.
67. *L'Autre Rive,* textes fondamentaux du Zen commentés par Maître Taisen DESHIMARU. Présentation par Evelyn de SMEDT.
68. *Méditation et santé selon les traditions et médecines chinoises,* de Gérard EDDE.
69. *Métaphysique et psychologie,* de Shrî AUROBINDO.
70. *Le Mesnevi, 150 contes soufis,* de DJALAL AL-DÎN RÛMÎ.
71. *Initiation et sagesse des contes de fées,* de Dennis BOYES.
72. *Initiation aux Livres des Morts égyptiens,* de Fernand SCHWARZ.
73. *Ivre de Tao. Li Po, voyageur, poète et philosophe, en Chine, au VIIIe siècle,* textes réunis et présentés par Daniel GIRAUD.
74. *Futuwah, traité de chevalerie soufie,* traduit et introduit par Faouzi SKALI.
75. *Qui suis-je? La quête sacrée,* par Jean KLEIN.
76. *L'Évangile de Jean,* traduit et commenté par Jean-Yves LELOUP.
77. *Les Secrets du Soi,* suivi par *Les Mystères du Non-Moi,* de Mohammad IQBAL.
78. *L'Arbre de Vie. Introduction à la Cabale,* de Z'ev Ben Shimon HALEVI.
79. *Le Livre des œuvres divines (Visions),* de Hildegarde de BINGEN, présenté et traduit par Bernard GORCEIX.
80. *Instructions fondamentales. Introduction au bouddhisme Vajrayana,* de Kalou RINPOTCHE.
81. *Le Prophète,* de Khalil GIBRAN.
82. *La Paix monastique,* de Thomas MERTON.
83. *Le Fou et le Créateur,* de Daniel PONS.
84. *Zen et christianisme,* d'Evelyn de SMEDT.
85. *Le Livre divin,* de Fariddudine ATTAR.
86. *Écrits sur l'hésychasme,* de Jean-Yves LELOUP.
87. *Le Sable et l'Écume,* de Khalil GIBRAN.

Collection « Spiritualités vivantes », Grand format

Enseignements essentiels, du DALAÏ-LAMA, prix Nobel de la Paix.
Thomas Merton, un trappiste face à l'Orient, de Gilles FARCET.
L'Église et les religions ou le désir réorienté, du père Jacques VIDAL.
L'expérience du zen, de T.A. HOOVER.
Soleil de prières, anthologie de prières du monde entier, par Sylvie REFF.
La voie soufie, de Faouzi SKALI.

Musique et extase, l'audition mystique dans la tradition soufie, de Jean DURING.

Rencontres avec Carlos Castaneda et Pachita la guérisseuse, de Maurice COCAGNAC.

Album « *Spiritualités vivantes* »

Offrande, texte et photos de Daniel PONS.

« *Espaces libres* »
Collection dirigée par Marc de Smedt
au format de poche

1. *Éloge du Silence*, de Marc de SMEDT.
2. *L'Érotisme et le Sacré*, de Philippe CAMBY.
3. *L'Aura. Le corps de lumière*, de David TANSLEY.
4. *La mort est une autre naissance*, collectif avec une préface de Marc ORAISON.
5. *La Magie des plantes*, de Jacques BROSSE.
6. *L'Esprit des jeux*, de Marc de SMEDT, Jean-Michel VARENNE et Zéno BIANU.
7. *Sourates*, de Jacques LACARRIÈRE.
8. *Les Ages de la vie*, de Christiane SINGER.
9. *Je m'appelle toi*, de Jacques SALOMÉ.
10. *Henry Thoreau, l'éveillé du Nouveau Monde*, de Gilles FARCET.
11. *Zen et self-control*, de Taisen DESHIMARU et Dr IKEMI.
12. *Les Médecines sacrées*, de Claudine BRELET-RUEFF.
13. *Le Symbolisme du corps humain*, d'Annick de SOUZENELLE.
14. *Vivre mieux et guérir par les couleurs*, de Andrée SCHLEMMER.

« *L'Expérience intérieure* »
Collection dirigée par Marc de Smedt

Traversée en solitaire, de Marie-Madeleine DAVY.

Le Jeu de l'amour et de la sagesse, de Denise DESJARDINS.

Sur la barque du temps, de Jean E. CHARON.

A la recherche du christianisme perdu, de Jacob NEEDLEMANN.

Journal d'une guérison spirituelle, de Nancy AMPHOUX.

Le Maître d'âme, de Christian CHARRIÈRE.

« Paroles vives »

Collection dirigée par Jean Mouttapa et Marc de Smedt

Le Jardinier, de Roger BICHELBERGER.
Jésus fils de l'homme, de Khalil GIBRAN.
Parole du passant, de Jean SULIVAN.
De miel et de fiel, de Alain CHAPELLIER.

Revue *« Question de »*

60. *Alexandra David Neel.*
61. *Tibet. Une culture en exil.*
62. *Astrologies indienne, arabe, chinoise et occidentales.*
63. *Racines et secrets de la franc-maçonnerie.*
64. *Psychologies transpersonnelles.*
65. *L'Esprit des hauts lieux.*
66. *Les Ermites.*
67. *La Méditation.*
68. *L'Apocalypse de Jean.*
69. *La Prière.*
70. *Les Demeures du sacré. Pour une architecture initiatique.*
71. *La Mort et ses destins.*
72. *La Structure absolue. Raymond Abellio.*
73. *Le Lieu du Temple. Géographie sacrée et initiation.*
74. *Prophètes d'aujourd'hui.*
75. *Méditer et agir.*
76. *Nouvelles émergences.*
77. *Anthologie de l'extase.*
78. *Le Maître de Nô. Armen Godel.*
79. *L'Enracinement et l'ouverture. Jean-Yves Leloup.*
80. *Le Sacrement de l'Instant. Présence de Jean Sulivan.*
81. *Karlfried Graf Durckheim.*
82. *L'Esprit visionnaire.*
83. *Khalil Gibran, poète de la sagesse.*

Hors collection

Écrits de Sénanque, de Emmanuel MUHEIM.
Le Rire du tigre, de Marc de SMEDT.
Gurdjieff et A. Orage en Amérique, de Louise WELCH.
Pour une vie ardente. Mille pensées de sagesse, de Georges ROUX.
Entre source et nuage. La poésie chinoise réinventée, de François CHENG.

CET OUVRAGE A ÉTÉ COMPOSÉ
ET ACHEVÉ D'IMPRIMER SUR ROTO-PAGE
PAR L'IMPRIMERIE FLOCH À MAYENNE
POUR LES ÉDITIONS ALBIN MICHEL
EN DÉCEMBRE 1990

N° d'édition 11449. N° d'impression 30042.
Dépôt légal : janvier 1991.

Imprimé en France.